基于信息生态的微博信息管理研究

崔金栋　陈思远　著

国家社会科学基金项目“基于信息生态的微博信息管理机理研究”(16BTQ068)研究成果之一

科学出版社
北　京

内 容 简 介

本书以提升微博信息管理水平为目标，按照提出问题、分析问题、解决问题的总体思路展开。本书分析了微博信息管理的必要性，通过对国内外研究现状的分析，总结了微博信息管理的不足，提出利用信息生态理论来实现微博信息管理的有效提升。本书通过提出新的管理模型和对策，突破现有微博信息管理中存在的难题，为微博信息管理的快速发展提供理论基础和技术支撑。

本书可供从事舆情研究、信息分析的相关科研人员和技术人员参考。

图书在版编目(CIP)数据

基于信息生态的微博信息管理研究／崔金栋，陈思远著. —北京：科学出版社，2020.9

ISBN 978-7-03-066063-3

Ⅰ. ①基… Ⅱ. ①崔…②陈… Ⅲ. ①互联网络-传媒媒介-信息管理-研究 Ⅳ. ①G206.2

中国版本图书馆 CIP 数据核字(2020)第 173249 号

责任编辑：王 哲／责任校对：杨 然

责任印制：吴兆东／封面设计：迷底书装

科学出版社 出版

北京东黄城根北街 16 号

邮政编码：100717

http://www.sciencep.com

固安县铭成印刷有限公司 印刷

科学出版社发行 各地新华书店经销

*

2020 年 9 月第 一 版 开本：720 × 1000 1/16

2021 年 3 月第二次印刷 印张：7 3/4

字数：160 000

定价：99.00 元

(如有印装质量问题，我社负责调换)

前　言

党的十九大明确指出，应加强互联网内容建设，建立网络综合治理体系，营造清朗的网络空间；要建设伟大工程，不断增强党的政治领导力、思想引领力、群众组织力、社会号召力。我国移动用户规模在 2016 年进入迅速增长期，2018 年用户增长速度依然保持良好势头，由传统 PC 端流向移动端，互联网全面进入移动互联时代，而以微信、微博、(微)视频、客户端为代表的“三微一端”已成为移动舆论场新重心。网络舆情引导或管控不当，会给社会带来强烈的不良影响，甚至造成民众恐慌。

大规模用户和自由化言论使得微博成为把控舆情命脉的重要媒介，微博更是凭借其便利性与实时性成为不可或缺的网络工具。微博独特的信息发布机制、信息获取机制和信息传播机制使得其更能迎合用户日常碎片化的交流方式，满足大众及时便捷沟通的需求。同时，微博的独立性、复杂性、参与性等特性极大拓展了网络信息传播渠道，对规范网络传播秩序、保证网络信息安全提出了更高要求。

本书主要以信息生态相关理论作为内核，针对微博信息生命周期全过程及微博影响力产生机理构建立体化模型，在现有前沿科研成果的基础上进行更为系统化的研究。全书首先对微博信息生态化进行简要阐述，并对微博信息组织与信息传播过程进行实证研究；之后通过本体技术与传统信息组织手段相结合对微博信息组织方式加以优化和完善，并从中分析在大数据环境下微博病毒式传播的动因；进而依据上述分析结果寻找出更利于微博内容扩散的信息推荐方法；最终提出微博信息生态化管理机制，拓展并丰富现有微博信息管理相关的研究体系及理论框架。

本书是在借鉴诸多学者辛勤劳动成果的基础上撰写而成的，这些成果已列于参考文献中，在此表示感谢。在此特别感谢高志豪、杜文强、郑鹊等在本书理论分析与数据处理方面提供的帮助支持。感谢为本书提供参考资料的同学、朋友，感谢科学出版社对本书出版工作的支持。

作　者

2020 年 6 月

目　录

第1章 绪　　论

1.1 研究背景和意义

随着国家对于网络信息生态管控力度的逐渐加强，网络信息生态逐渐受到各方的重视与关注，而国家也成立了专门的中央网络安全和信息化委员会。在此背景下，我国社会信息化和网络化程度逐步提高，随着微博、微信等具有极强爆发性的社会性网络工具出现，政府在政务信息公开、舆论管控方面的压力越来越大，帮助政府管控宣传导向成为新媒体时代的当务之急。大数据、云存储、人工智能、区块链技术的迅猛发展，以及生态学理论在情报学科的交叉应用，推动了网络舆情研究的持续深入，也引起了国内外学者对网络舆情信息传播生态、治理方略及思想引领的深入思考。微博凭借其实时性和便捷性成为互联网移动互联的代表性平台，微博舆情在突发事件等热点话题传播过程中具有极强的爆发力，如何有效对微博舆情扩散进行管控，掌握网络生态治理话语权，是当下信息生态研究亟待解决的重要问题。由于微博信息容量有限，各用户群体接受和理解信息能力的差异，微博舆情呈碎片化形式传播，相关政府部门应采取正确方式对网络舆情加以引导，才能有效避免谣言扩散及其滞后性引发的民众恐慌。

本书的理论价值主要是基于信息生态相关理论对微博信息的组织过程、传播方式以及影响力产生机理加以系统化研究，通过本体与传统信息组织技术相融从而优化微博内容的组织方式，分析微博产生裂变式传播能量和海量信息的动因并加以控制，寻找利于微博信息传播和用户信息推荐的最佳方法，以此提出微博信息生态化管理机制，实现微博信息的全过程、全方位、全视角管理。微博信息组织架构、传播模式和影响力的机理研究将为微博信息组织、微博信息传播和微博信息推荐打下理论基础，同时对现有微博与信息管理相关的理论研究体系进行拓展和丰富。

本书的应用价值在于通过对微博与信息管理相关理论研究，探寻微博发展的规律与模式，帮助广大用户充分了解微博平台的功能和特性，并对微博信息价值加以识别与筛选，对微博传播特征进行正确的认识和判别。基于用户层面进行合理的信息推送，能够有效避免微博使用不当所造成的危害。本书基于上述应用结果提出了针对我国微博规范化发展的建议对策，有效改善微博存在的信息管理机制不健全、运营商功能定位不清晰等问题，同时对强化、推进和优化微博建设工程并提升微博应用水平具有积极意义。

1.2 国内外研究综述

大规模用户和自由化言论使得微博成为把控舆情命脉的重要媒介，微博更是凭借其便利性与实时性成为不可或缺的网络工具。早在 2006 年，就有外国学者关注微博信息管理，提倡通过法律手段规范社交媒体，同时强调采取新型信息管理手段对微博内容组织、信息传播等环节进行控制与约束。我国对微博信息管理的相关研究最早始于 2010 年，在倡导对微博用户进行引导性管理的基础上，在技术层面的研究主要集中于微博信息的生命周期，即微博内容组织、信息传播和个性推荐三个方面。

(1) 微博信息组织研究。

微博组织的主要方式是将其数据与服务进行结合，对内容结构加以重构。作者认为微博可通过 RSS(Really Simple Syndication)技术完成信息聚类与推送，该过程具有显著的自组织特性[1]。Xu 等对文字、图像和视频等用户间交流的短内容进行研究，深入分析其信息组织机理[2]。Velikovich 等重点剖析微博信息的内容特点、活跃节点特点以及话题榜单特点[3]。Lahiri 等研究学术界和某些特定领域对微博使用的有序性[4]。我国学者的研究中较为突出的是：原琳对基于人工智能机器学习算法的微博情感分类模型进行实证分析研究[5]。马捷等对有关微博数据分析的系列研究进行梳理，提出微博信息组织三大构建理论[6]。张海涛等阐述微博标签在信息组织过程中的不可替代性[7]。王静基于自组织理论，对新浪微博平台进行社会网络分析并完成相关实证分析[8]。胡昌平等借助 NLP(Natural Language Processing)技术对微博内容、用户网络关系及其互动情况进行深入剖析，并通过分析某一信息的流动过程揭示出微博平台的信息交互机制[9]。钟映竑分析微博信息结构和传播模式差异，探寻影响微博互动效果决定性因素及原理[10]。这些研究使微博信息的组织更加有序化，使网络信息组织理论有了新的突破。但是，由于微博信息组织采用大众分类法(Folksonomy)作为主要的信息组织方法，信息组织结构化不强，语义性缺失的缺点无法避免，也给微博信息的存储和使用带来了不便。

(2) 微博信息传播研究。

微博的广泛使用极大提升了信息传播的速度和广度，研究者以“关注”与“被关注”为关联纽带，以用户为节点，基于社会网络分析相关理论解析微博平台互动方式，并通过定量方式发现微博传播特征。国外研究者更热衷于使用统计分析来研究微博的传播规律。Ball 等对用户活跃状态产生的条件进行分析，并提出社交平台网络的线性阈值模型[11]。Efron 分析发现，微博信息传播研究应强调在数据挖掘与电子商务领域的应用前景[12]。Enatsu 等对微博信息流动过程中关键性主体的作用加以探究[13]。Fang 等结合东西方社交平台建设的差异性，构建出针对微博信息传播特性进行评价的指标体系[14]。国内方面，邬焜利用复杂网络理论方法，解释微博信息传播的六度分离和强中心化等特征[15]。肖云鹏等对决定微博转发的四种行为特征加以提取，结合用户行为的差异性构建出用户画像预测模型[16]。佘廉等借助社会网络分析软件绘制某一事件的信息流动路径图，阐述影响微博传播的综合性因素[17]。张敏等对单点式与链式传播模型进行对比分析，结果显示微博舆情传播过程中，两种模型具有不同的传播效果[18]。王宗水等基于病毒传播模型，分析影响信息传染力的要素，并提出微博舆情传播管控的有效策略[19]。田晓睿等研究发现微博舆情流动具有记忆性特点[20]。林晓静等利用词共现工具对微博传播路径进行预测，使用图论对公众讨论管控进行分析建模[21]。丁学君针对微博信息传播范围提出用户影响力评价模型，完成对用户影响力的定量分析研究[22]。上述研究成果表明微博信息传播的多样性和模糊性使得预测信息流向的工作尤为困难，同时也会导致网络舆情会出现瞬时爆发的现象。要实现微博信息传播的生态化，可控性是其必然要求。

(3) 微博用户推荐研究。

微博用户推荐的本质是依据主题标签向用户推荐个性化的内容和偏好相似的关联好友。国外学者提倡对利用微博内容的标签相似性推荐关联用户[23-25]；Zhao 等通过建立微博影响力时间序列回归模算法，对用户推荐模型进行分析[26]；有学者基于多种视角对有关用户行为特征的各项字段进行抓取，揭示了用户画像实现好友推荐的应用价值[27,28]；徐晨凯等利用关联机制和标签辨识构建微博好友推荐模型,该模型包含共同好友和标签相似性两个特征向量[29]。Xu 等提出 FOF(Files of Files)理论，为微博好友推荐的研究提供了新的理论依据[30]。Ma 等认为基于微博资源进行好友推荐能够有效挖掘用户的潜在爱好[31]。Steyvers 等通过对比基于内容和基于协同过滤的好友推荐方法，发现二者的融合推荐模型有更好推荐效果[32]。近年国内外关于微博用户推荐的研究集中在推荐算法和推荐模型上，主要包括 K-means 算法、WAF(Web Application Firewall)算法，以及目前较为主流的 LDA(Latent Dirichlet Allocation)主题推荐模型。Deerwester 等研究 LSA(Latent Semantic Analysis)模型，即 LDA 模型的原型，认为它能微博信息推荐领域更接近人类的思考逻辑[33]。Griffiths 等将 LDA 主题模型引入超参数，构建内容-主题-词汇三层贝叶斯模型[34]。Kim 利用 LDA 模型对两个模型进行积木堆砌，形成新的主题模型[35]。我国对 LDA 的研究多是基于新浪微博数据进行的实证分析研究。唐晓波等利用 User-LDA 对微博用户进行 TopN 二级好友推荐，通过用户主题概率分布矩阵计算用户相似度[36]。邸亮等将传统内容-主题-词汇三层贝叶斯模型变为用户-主题-词汇的用户 LDA 模型，对要文档向量空间矩阵降维处理后完成相似好友推荐[37]。高明等实现了基于潜在语义分析的微博主题挖掘模型构建[38]。但是目前关于解决 LDA 模型缺乏语义性弊端的研究仍存在空白，解决这方面问题的研究成果并不多。

总结国内外研究工作，现有成果只是对微博信息组织、传播及用户推荐三部分中的某一领域进行研究，无法串联到整个微博信息的生命周期中实现整体最优性[39-41]。近年来，有学者开始利用信息生态理论研究微博信息管理问题，但是无法把微博信息组织的规范化、微博信息传播的可控化以及微博信息推荐的个性化与精准化三个方面有机地联系起来。目前，针对微博信息生态的研究大多倾向于信息生态链构建、信息生命周期相关理论的论证、微博信息生态论的定义及其实证分析等方面，而有关信息生态视角下微博传播机理的深入研究、用户生态化角色转变过程的分析，以及信息生态系统中角色转换所导致的微博信息流动路径变化及其演化规律诱因的相关研究几乎没有。综上所述，对基于信息生态理论对微博信息组织、信息传播及个性化推荐机制进行优化完善，进而剖析能够对微博信息管理实现引导和规范的策略，对于有效管控微博舆情、实现网络生态化建设具有极其关键的理论价值和现实意义。

1.3 主要研究内容

本书的研究目的是引入信息生态理论实现对微博信息全过程、全方位、全视角管理，同时结合微博发展现状提出基于信息生态的微博信息管理机理，并提出情报学视角下微博信息管理研究的新趋势——微博信息组织的规范化研究、微博信息传播可控化以及微博用户信息推荐的个性化，这些研究试图通过构建新的微博信息组织模型、信息传播模型和信息推荐模型，解决技术和管理层面上微博信息管理的弊端，实现微博信息有效管理的新突破。本书研究内容主要包含以下四个方面。

(1) 微博信息管理与信息生态理论的融合机理研究。

本书的研究从微博信息管理中存在的问题入手，以微博信息管理和信息生态理论融合为依据，构建微博信息管理生态模型，提出微博信息生态化管理的目标，即在微博全生命周期的三个阶段中实现微博信息组织的规范化、微博信息传播的可控化和微博信息推荐的精准化与个性化。在微博信息组织阶段，利用本体与 Folksonomy 技术的融合构建微型本体架构来提升信息组织的语义性与结构性，进而实现微博信息组织的生态化；利用复杂系统与社会网络理论的融合来对微博信息传播机理进行分析，解析信息加速节点形成机理、运行机理，提升其可控性进而实现微博信息传播的生态化；通过本体与 LDA 模型的融合来提升微博用户信息匹配的语义性，结合大数据技术实现用户层面信息推荐的精准化和个性化，实现微博信息推荐阶段的生态化。

(2) 基于信息生态的微博信息组织模型构建和组织管理机制研究。

微博信息组织生态化研究的目的是在信息组织阶段实现微博信息的结构化和规范化的存储，实现微博信息资源的信息集成和互联，为后面的微博信息传播阶段和信息推荐阶段提供可靠高效的数据源。微博作为一种信息系统，其内部最核心的要素就是信息。作为自组织系统，微博不停地实现着信息的自组织，但是这种自组织是基于 Folksonomy 实现的主题分类。这种分类方式在带来高效率和个性化的同时，也为微博信息管理带来了挑战。其相对自由的资源管理方式也成了微博信息语义互联的症结所在，借助本体技术与 Folksonomy 的融合实现微博信息组织的结构化和规范化就是一种现实可行的方法。本书在研究微博信息组织生态化模型的基础上，提出了利用本体技术与 Folksonomy 的融合实现微博信息组织生态化的具体方法。通过提出一种基于 Folksonomy 的微型本体架构作为上述两种技术的融合点，在利用大数据技术清洗微博数据的基础上提出微本体构建的具体方法，利用实证分析证明了所提方法的可行性和科学性。

(3) 基于信息生态的微博信息传播模型构建和传播管理机制研究。

微博信息传播生态化的首要目标就是实现信息在传播中的可控性，从而实现舆情管控和信息传播的有效引导。微博信息传播中所面临的人员复杂、环境复杂，致使微博信息传播过程中具有典型混沌性，即初值的微小变动会造成结果的截然不同。因此，构建微博信息传播模型实现对微博信息传播过程的精准描述是必不可少的。本书基于复杂系统的视角对微博信息传播进行了系统性分析，利用社会网络理论和系统动力学知识对微博信息传播过程进行了建模，发现了微博信息传播的主要影响因素，阐述了以各种传播节点为核心的微博信息传播管理机理，解析了微博信息过程中往往产生突变和混沌的原因；进而基于信息生态理论构建了微博信息传播生态模型，从信息生产者、组织者、传播者、消费者和分解者视角描述了模型运行机理和演化机理，以系统学视角对传播过程进行约束和管制研究，从而达到在技术和管理两方面加强微博信息管理的目的，并通过实证分析验证了此模型的实用性和直观性。

(4) 基于信息生态的微博用户信息推荐模型构建和信息推荐管理机制研究。

微博信息推荐生态化研究的主要目的是通过各种技术方法和管理手段来提升微博信息用户推荐的准确性和个性化程度。针对现有微博信息推荐算法主要采用 LDA 算法实现主题匹配的现状，本书对 LDA 模型的各种子模型进行了详细的机理分析，通过模型层面分析推荐模式的演化来确定影响微博信息推荐精度的主要原因，解析语义性不强的根本所在，即用户数据稀疏性和用户信息描述的非结构化带来的推荐不准确问题，然后根据这些影响因素进行提高精度的方法设计。本书提出了以简化的本体架构为数据结构来构建微博信息推荐系统的底层数据库，通过利用 LDA 主题模型与微本体的融合进行微博信息和用户的推荐，辅助大数据技术进行多级过滤实现提升微博信息匹配精度和个性化推荐效果的目的。

另外，本书从信息组织、信息传播和信息推荐三个方面提出了微博信息生态化管理的具体建议和策略。基于上面理论分析的结果，针对政务微博这一重要的舆论管控阵地，本书对其进行了重点针对性的研究，探究我国省级政务微博生态性，最终提出了针对性建议对策，为我国省级政务微博传播体系的建设和政府舆情的管控打下基石。此外，对以微博为重要组成部分的融媒体信息传播的生态化进行了探索性研究。本书最后对相关研究进行了总结和归纳，并对为了研究方向进行了展望。

1.4 创 新 点

本书对微博信息生态化管理方面的研究进行了科技查新，虽已有部分文献和研究成果来提升微博信息推荐的精准性，但多是作者及相关成员的研究成果。通过对现有研究成果的梳理和对科技查新报告分析，本书创新之处体现在以下四个方面。

(1) 本书构建了基于信息生态理论的微博信息管理模型，阐述了其运行机理和演化机理，进而提出了微博信息生态化管理的目标，即实现微博信息组织的规范化、微博信息传播的可控化和微博信息推荐的精准化与个性化，研究了以上三个阶段的生态化管理策略，探讨了其具体的应用方法。

(2) 以微博信息组织规范化为目标，研究了利用本体与 Folksonomy 技术的融合构建微博信息组织微本体来提升信息组织的语义性与结构性，进而实现了微博信息组织的生态化，解决了微博信息组织中结构化和规范化的问题。

(3) 以微博信息传播可控化为目标利用复杂系统与社会网络理论的融合来对微博信息传播机理进行分析，解析了信息加速节点形成机理、运行机理和演化机理，进而实现微博信息传播的生态化，解决了微博信息传播者混沌性和可控性博弈问题。

(4) 以提升微博信息推荐个性化和精准化为目标，通过本体技术与 LDA 模型的融合来提升微博用户信息匹配的语义性，结合大数据技术实现用户层面信息推荐的精准化和个性化，从而实现微博信息推荐阶段的生态化，解决了推荐过程中技术和管理相融问题。

1.5 技术路线图

本书相关研究的技术路线图如图 1.1 所示。

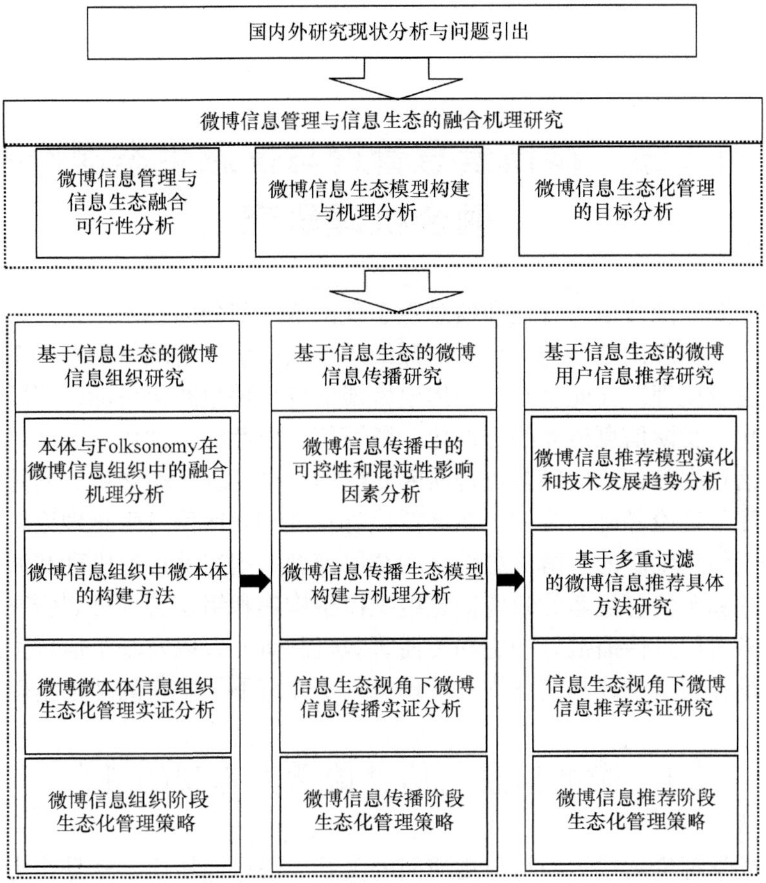
国内外研究现状分析与问题引出
微博信息管理与信息生态的融合机理研究
微博信息管理与信息生态融合可行性分析
微博信息生态模型构建与机理分析
微博信息生态化管理的目标分析
基于信息生态的微博信息组织研究
基于信息生态的微博信息传播研究
基于信息生态的微博用户信息推荐研究
本体与Folksonomy在微博信息组织中的融合机理分析
微博信息组织中微本体的构建方法
微博微本体信息组织生态化管理实证分析
微博信息组织阶段生态化管理策略
微博信息传播中的可控性和混沌性影响因素分析
微博信息传播生态模型构建与机理分析
信息生态视角下微博信息传播实证分析
微博信息传播阶段生态化管理策略
微博信息推荐模型演化和技术发展趋势分析
基于多重过滤的微博信息推荐具体方法研究
信息生态视角下微博信息推荐实证研究
微博信息推荐阶段生态化管理策略

图 1.1　研究技术路线图

第 2 章　微博信息管理与信息生态理论的融合机理研究

本章主要以微博信息管理和信息生态理论这两部分为切入点，介绍微博信息管理与信息生态理论结合的可行性，详细阐述微博信息管理与信息生态理论融合的具体方法及机理。在此基础上，提出微博信息管理生态化目标，即微博信息组织的规范化、微博信息传播的可控化、微博信息推荐的个性化与精准化。微博信息管理与信息生态理论的融合机理研究是微博信息管理生态化目标的基础，因此本章主要注重理论基础的构建，在微博信息管理和微博信息生态理论融合的基础上构建基于信息生态的微博信息管理的高层模型，阐述其运行机理和演化机理，为本书后续基于信息生态的微博信息组织模型构建和组织管理机制研究、基于信息生态的微博信息传播模型构建和传播管理机制研究，以及基于信息生态的微博用户信息推荐模型构建和信息推荐管理机制研究打下了坚实的理论基础。

2.1　微博信息与信息传播生态观的融合

信息哲学理论阐述了信息与物质间的关系，信息同物质一样是作为一种间接形式而存在，主要分为主观间接存在与客观间接存在。而微博信息同样具备物质性，其存在方式符合信息哲学观的自在、自为与再生有机统一状态。

用户与信息之间无差异的交互是微博平台的运营方式，结合信息生态理论而言，就是指用户对微博信息整个生命周期的响应。通常而言，微博信息一般由用户通过微博客户端所接收并认知，用户层面的微博信息管理概念模型如图 2.1 所示。用户首先发布博文，以微博网页或客户端为媒介传播向其他用户。微博平台可以看成微博信息系统，用户与其之间的关系主要表现为发布、关注、转发、评论等。

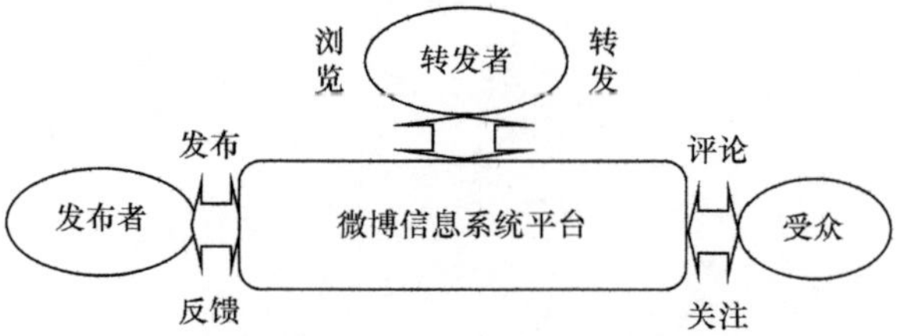

图 2.1　用户层面的微博信息管理概念模型

基于信息哲学视角而言，用户发布博文到微博信息系统后，信息将在微博平台上存储并过滤，这是微博信息的自在行为；信息再经由用户间的关注与互粉关系实现传播、浏览、转发和评论，实现微博的间接存在价值，这是微博信息的自为行为；博文浏览者和被转发者接收到信息推荐能够使微博的使用价值得以实现，在数量庞大的微博信息之中可以完成有效过滤并进行准确推荐，这是微博信息的再生行为。因此，微博信息组织可以作为微博信息的自在阶段，微博信息传播是微博信息的自为阶段，微博信息推荐是微博信息的再生阶段。

微博信息的独有特性是微博信息组织、微博信息传播与微博信息推荐成为网络舆情管理研究热点的根本原因。本章将基于信息哲学观视角对微博信息管理研究的重点加以阐述，总结归纳微博研究现状及研究热点，利用信息生态相关理论分析微博信息与信息传播生态观融合的可行性。微博信息系统如图 2.2 所示。

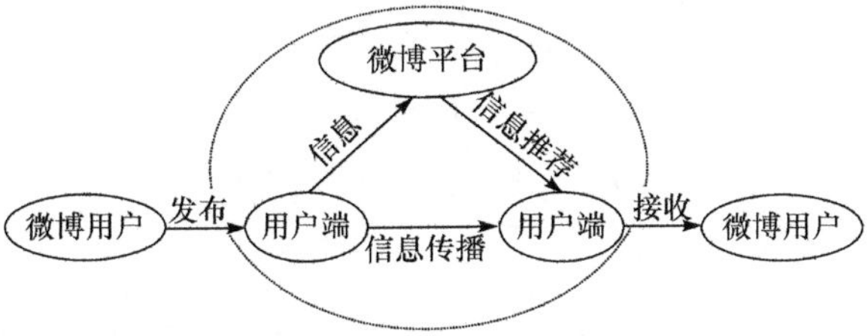

图 2.2　微博信息系统

2.2　微博信息生态系统模型及其运行机理

为构建微博信息生态系统模型并分析其运行机理，本节将从信息生态相关理论出发，深入剖析微博信息管理的关键核心，基于系统学视角挖掘微博信息组织、信息传播和信息推荐的根本内涵，揭示微博信息生态系统模型构建对微博生命周期每一阶段的价值意义，阐述信息组织规范化、信息传播可控化以及信息推荐个性化与精准化对微博生态化建设的影响作用，最终形成微博信息生态系统分层演化模型。事实上，微博信息的生命周期依靠于外部因素的作用，微博信息生态系统实则是一个耗散结构，结合耗散结构理论能够更深入地挖掘微博信息生态系统的内外部动力所在，这是未来需要关注的研究方向之一。

微博信息生态系统的本质是对用户发布的博文进行传播、加工进而产生新信息的过程，信息经过过滤、组织后会再被推荐给其他用户，此时的微博信息是可选的、完善的、具有特定属性的新信息。博文在生态系统传播过程中具有一定的复杂性和混沌性，信息整个生命周期也存在内随机性，因此微博信息生态系统的运行机理与典型的编码、解码活动不同，信息流动过程更在于对已有信息形式和内容进行重构。微博信息生态系统模型如图 2.3 所示。

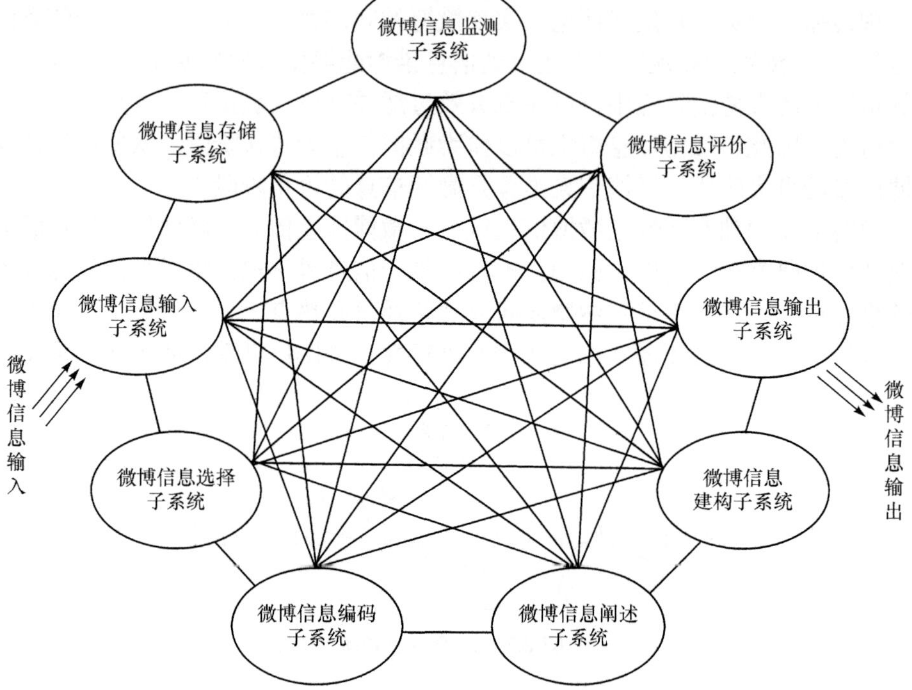

图 2.3　微博信息生态系统模型

将微博信息生态系统划归为信息组织、信息传播和信息推荐三个子系统的耦合。微博信息组织子系统是微博用户发布信息的根源所在，主要承担信息整理、资源存储和话题构建等作用，是以用户需求为主要目标的子系统；微博信息传播子系统以信息组织产物为输入，完成博文在微博信息生态系统内部的流动传递，是以信息推荐阶段需求为目标的子系统；微博信息推荐子系统以信息传播的产物为输入，主要完成海量微博的过滤与个性化微博推荐，是以个性化和精准化信息推荐为目标子系统，三个子系统的关系如图 2.4 所示。

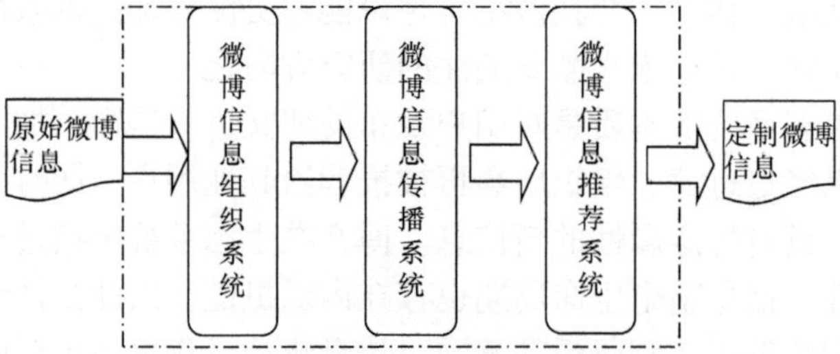

图 2.4　微博信息生态子系统关系图

(1) 微博信息组织子系统及其运行机理。

微博信息生态系统内部能够完成信息自组织，博文的发布与扩散是一个不可逆的过程，同时受用户身份、名人影响力、微博内容受关注程度以及信息更新频率等影响，微博平台内的信息持续处在一种不平衡状态。因此，为了能够准确描述微博信息组织的具体机理，需要对其进行必要的建模。对微博信息组织建模，首先需要对微博信息编码和解码过程加以分解，并在此基础上完成博文的结构化处理，然后再将微博信息存储至信息生态系统之中。可以看出，微博信息组织子系统是以用户发布的博文为输入依据，以微博平台所传播的内容为输出目标，其中还包括信息收集、信息过滤、编码、解码以及重构等操作。目前，微博信息组织通常采取 Folksonomy，以博文标签为主要组织形式。标签的口语化和自由性程度较强，容易产生语义缺失等现象，因此微博信息组织子系统构建的首要前提是对微博信息进行结构化和规范化处理，消除语义缺失导致的歧义干扰，提高事件描述的准确度和信息组织的效率。一个健全的微博信息组织系统要求具备输入、输出、信息编码、信息构建、信息存储和信息阐述等多个模块。微博信息组织子系统运行机理如图 2.5 所示。

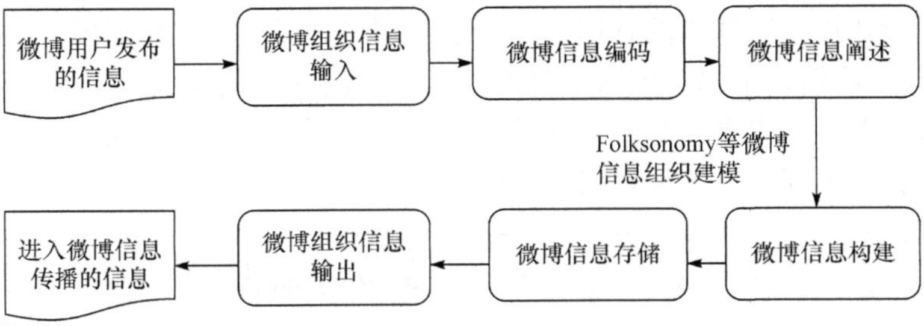

图 2.5　微博信息组织子系统运行机理

(2) 微博信息传播子系统及其运行机理。

微博信息传播如果超出其阈值则会难以管控，导致网络舆情的爆发。微博信息传播子系统由于自身的混沌性，其系统敏感性表现得极强，时常会出现某一博文在传播过程中受到突发事件的影响，导致该话题意见领袖的不当评论持续发酵，最终造成整个微博信息生态系统的失控。这种突发性的失控无法使用传统病毒传播模型来解释，微博信息生态系统整体表现的临界状态仅能借助复杂系统理论的突变论和混沌论所描述。微博信息传播子系统要求具备信息输入和输出两项基本模块；同时能够对有价值信息进行针对性选择，并对博文传播的极限阈值有效建模，即微博信息编码、微博信息阐述和微博信息构建模块；最重要的是，该系统需要对突发事件所产生的舆情爆发进行监测，以实现微博信息传播预警和管控的目的。微博信息传播子系统运行机理如图 2.6 所示。通过对网络舆情爆发前临界点的表征信息进行监测和预警，能够有效地对微博信息传播过程实现规范化控制，这也将是未来微博信息传播领域的重点研究方向。

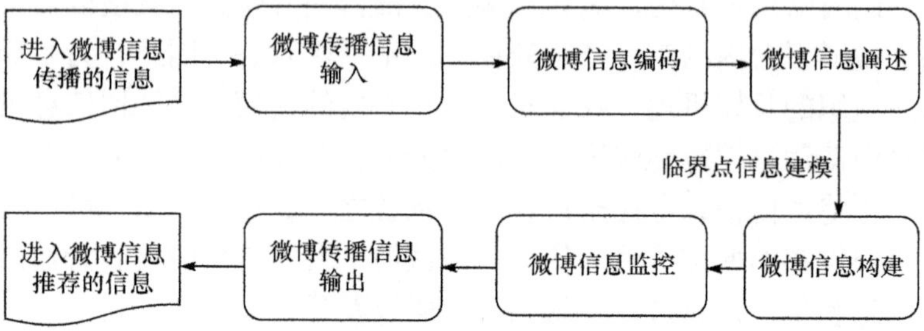

图 2.6　微博信息传播子系统运行机理

(3) 微博信息推荐子系统及其运行机理。

信息推荐的本质仍属于信息组织的范畴，但微博通常以用户需求为目标、以信息传播为路径，因此微博信息推荐成为了基于信息组织和信息传播过程的服务性功能。良好的微博信息推荐子系统能够以微博信息传播的内容为输入资源，以用户个性化推荐需求为输出目标。为了实现微博信息个性化推荐，就必须要对用户需求进行建模，以适当的画像描述手段对用户偏好、话题相似度、活跃状态进行组织(即微博信息编码、微博信息阐述和微博信息构建模块)，同时借助多级过滤与融合推荐模型提升信息推荐的精准度和匹配度，最终输出满足用户喜好的内容。微博信息推荐子系统运行机理如图 2.7 所示。

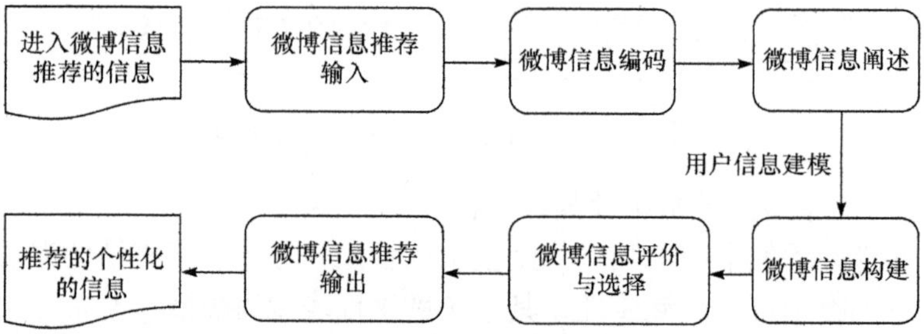

图 2.7　微博信息推荐子系统运行机理

(4) 微博信息生态系统的演化机理。

微博信息生态系统的演化是以信息架构的演化为前提，以微博信息组织子系统、微博信息传播子系统和微博信息推荐子系统构建为具体过程，其演化目的是用户通过微博平台能够更便捷、更有效地进行互动交流。微博信息生态系统分层模型如图 2.8 所示。该模型与传统信息生态系统有较大差异，是信息生态系统在微博平台中的具体应用。

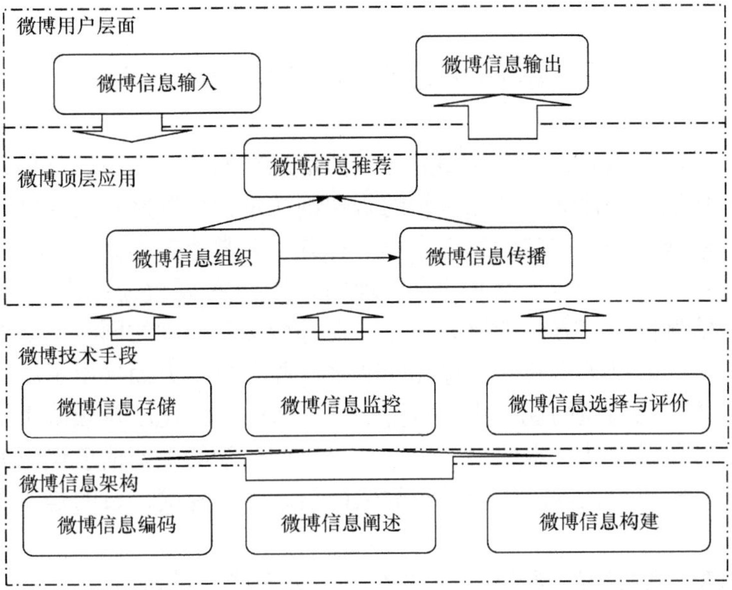

图 2.8　微博信息生态系统分层模型

微博信息生态系统的具体演化形式由三个子系统所体现。尽管各个子系统演化的过程不同、结果不同，但演化根源都是开始于信息编码和信息阐述等微博信息构建手段。不同时期的信息构建分别担当对应子系统演化的根本基础：微博信息组织子系统最终的演化目标是实现规范化组织，信息传播子系统是为了提升信息流动的可控性，信息推荐子系统则以个性化与精准化推荐为宗旨。此外，信息存储、信息监测与信息评价作为三个子系统具体的应用手段，其本质属于技术范畴的演化；微博信息组织、传播和推荐则是顶层高级应用，是底层信息构建结合技术手段的具体应用形式；用户层面的微博发布和微博信息获取则是系统与用户的交互所在，是系统整体演化的表征所在。

用户层面的需求变化是微博信息传播生态系统演化的外部动力。微博的发展过程是一个逐步完善的过程，从早期的简陋信息发布平台到现在的普及应用，实现了从不完善到成熟的演化，其外部动力是用户对不同阶段对微博信息系统需求的提高。从早期的发布信息、扩大影响力到后期的引导舆论，用户需求的变化促使了微博信息系统的不断完善和发展。恰恰是这种需求变化成为微博信息系统不断发展、避免被淘汰的动力。存储方式的规范化、发布方式的多元化、传播过程的可视化、浏览方式的便捷化、推荐方式的精准化都是微博信息系统根据需求变化而日趋完善的表现。

2.3 微博信息生态化管理的目标

目前，微博信息研究方向大多数为微博信息在网络上的组织过程，以及信息传播的各种特性、规律等，更深一步的研究则注重如何控制和引导微博舆情。这些研究对于微博信息管控与信息生态化治理具有非常重要的意义。本书通过梳理国内和国外各专家学者对于微博信息管理的有关成果，最终总结出微博信息组织、信息传播和信息推荐三方面的研究热点。在进行文献梳理的同时，剖析了目前的相关研究成果，总结了现有研究存在的缺陷，并在技术方面提出了新的研究思路和趋势—微博信息组织的规范化、微博信息传播的可控化以及微博用户信息推荐的个性化，这些研究从技术层面上出发，寻求构建新的微博信息组织模型和传播模型，以此来解决由技术缺失而导致的微博信息管理弊端，目的是要实现微博信息有效管理。

(1) 微博信息组织的规范化——本体与大众分类法的融合。

微博可以看作是信息生产系统，由微博用户发布大量的信息，由“混沌”到组织化的过程可看作“信息自组织”过程。Hong 等提出，微博信息的发布与扩散在本质上是不可逆的，同时受用户真实身份、虚拟空间的个人魅力、发布内容的关注度、用户登录和更新频率等因素的影响较大，微博信息一直处在动态平衡和不平衡的交替状态，对其进行建模，可以较为准确描述微博信息组织和传播过程[42]。国内外学者认为本体是一种概念结构形式化的语义模型，本体的构建过程较为复杂，很大程度上需要依赖人工手动构建，但是本体的研究已经较为成熟，可以直接应用[14,43,44]。本体的具体构建过程是通过获取相关领域的知识，进行规范化的描述，从而形成形式化、结构化的定义，为信息与知识建模提供明确无歧义的定义。由此可以得出结论，微博信息经过本体化的处理会有明确的含义和结构化，这种明确的定义给微博信息组织和传播带来了很大的便利[45]。所以，本体技术在微博信息管理方面的应用成为了目前研究的热点，利用本体技术对微博信息进行有效的规范和结构化可以提升微博信息描述事件的精度和准度，从而达到消除歧义、提升信息组织效率的目的。Folksonomy 是一种微博传统信息组织方式，Xiong 等研究发现其本质是基于标签语法层次的简单聚合分类[46]。自由分类法在处理微博信息时，由于微博文本本身的复杂性和用户标注的随意性，微博信息组织在自由分类法的清晰度和资源查询的准确度都较低。于是，将本体与 Folksonomy 相结合将成为解决上述问题的有效途径，即构建一种基于 Folksonomy 的微型本体架构来进行微博信息的规范化，为消除歧义和提升结构化微博信息的应用打下基础。这种微型本体架构既可以结合 Folksonomy 的优点，让所有用户参与本体构建，降低微博信息本体的构建成本和复杂度；又可以拥有本体的优点，形成结构化的、无歧义的、易控制的信息组织结构，便于信息的管理和传播。目前崔金栋等在这方面开展了研究，取得了一定的成果：以自组织和本体建模理论对微博信息的组织过程进行规范化，形成结构化的信息组织结构；进入到微博信息传播阶段，再通过本体建模理论对传播中的信息进行重新建模，图 2.9 展现了微博信息管理的概念模型。

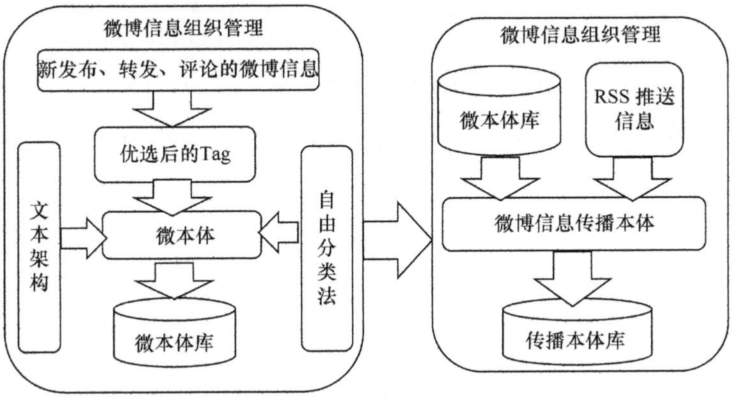

图 2.9　微博信息管理的概念模型

(2) 微博信息传播的可控化——混沌性与可控性的博弈。

目前的微博信息传播可控性研究主要集中在建模方面，从建模的角度对微博信息传播临界点表征进行研究，最终目的是达到信息传播预警。具体来说，就是通过对这些表征信息抽取而成的微博信息进行处理，建模后进行信息传播的相关监控，从而实现微博信息传播预警。但这种方法显然存在严重的滞后性，微博信息事件发生后才能进行警告。并且，微博信息的传播一旦超越临界点便难以控制，这些问题成为了阻碍研究者的最大难题。因此，国内外研究者提出在临界点产生前就对传播信息的临界表征进行提前的分析鉴定，从而实现对信息传播的规范和抑制。但微博信息平台是一个整体的复杂系统，混沌性带来的初值敏感性极强，很可能会牵一发而动全身，表现为一条微博在转发中常由某一突发事件的出现造成微博信息传播生态的失控，特别是某个网络意见领袖的评论或异样见解的发酵引起整个信息传播的突然爆发。

(3) 微博用户信息推荐的个性化和精准化——多级推荐和模型融合。

用户层面的微博信息管理概念模型微博信息推荐是微博信息组织的一个分支内容，但是微博信息推荐的主体是用户，不单单是信息组织的问题，同样包含了信息传播和信息匹配等相关问题。简言之，微博信息推荐是融合了信息传播的若干内容并建立在微博信息组织与传播之上的一种用户的服务功能。目前，用户数量巨大，并且用户的相关数据具有稀疏性，结构化不强，这些原因导致信息推荐难以精准，并且制约了信息推荐的发展。因此，目前微博信息推荐的主流研究方向聚焦在微博信息的精准化和个性化推荐上，具体采用多级过滤和融合推荐模型为信息推荐打下基础。构建完成的新的微博推荐模型系统结合了用户的偏好、话题之间的相似度、状态之间的相似度等推荐模式，通过各种相似度进行微博信息的推荐，可以取得良好的推荐效果。另外，本体架构的应用对于微博用户信息的非结构化问题也带来了新的解决思路，简化后的本体架构可以成为微博信息推荐的底层数据库，建成的本体库可以实现便捷化的本体匹配，增加微博信息的语义性，同时，结合改良的 LDA 模型进行微博信息和用户推荐，可以有效提高微博信息推荐的精度和质量。图 2.10 展示了融合后的用户层面的微博信息管理概念模型。

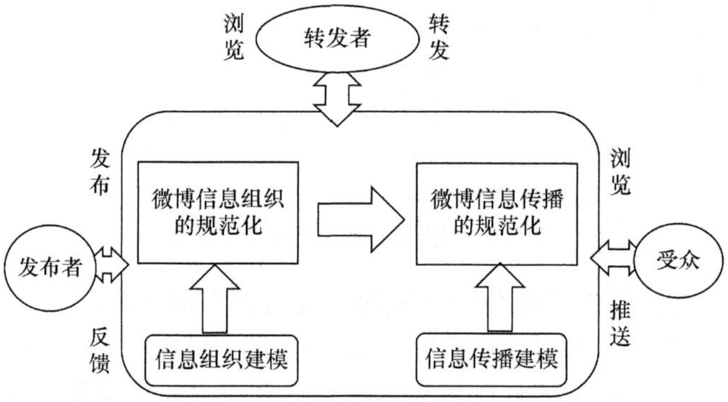

图 2.10　融合后的用户层面的微博信息管理概念模型

第 3 章　基于信息生态的微博信息组织模型构建和组织管理机理研究

第 2 章从理论角度阐述了微博信息管理和信息生态理论融合的可行性，并构建了基于信息生态的微博信息管理的高层模型，阐述了其运行机理和演化机理。本章以微博信息管理和信息生态理论融合为基础，以微博信息组织规范化为目标，创新性地提出利用本体和 Folksonomy 进行微博信息组织模型的构建，来提升信息组织的结构化和规范化程度，为后期的语义互联奠定基础。具体技术上，研究本体和 Folksonomy 在微博信息组织中融合方法，根据微博信息的特征并依据本体理论提出微本体的概念，阐述基于新型信息组织架构——微型本体架构的微博信息组织机理。

3.1　本体与 Folksonomy 在微博信息组织中的融合点——微本体构建

本节以微博信息组织规范化为目标，研究本体和 Folksonomy 在微博信息组织中融合方法，阐述基于新型信息组织架构——微型本体架构的微博信息组织机理；基于上述理论构建微博信息组织生态化管理模型，提出相应微博信息组织阶段的生态化管理策略。微博是近些年来主流的社交平台，其核心价值主要体现在信息发布机制的独特性、信息获取的灵活性以及信息传播的广泛性。微博的这些核心价值迎合了新时代下用户对于简单信息的需求，满足了用户及时、简单沟通的需要，将“碎片化”时代带到了生活当中。

Folksonomy 的主要作用是以标签来标注资源信息，满足微博用户的信息个性化的需要，也是目前微博信息组织的重要方式之一。米文丽等研究发现，Folksonomy 可以实现同类资源的有效聚合，但其缺点同样明显，缺乏语义控制，类目间关系不够清晰，这些缺点给微博信息管理带来了许多不便[47]。本体是一种能够有效表现概念结构形式化的语义模型，被广泛地应用在知识发现、知识组织、知识推理、知识检索等多个领域。Blei 认为本体较强的语义性正是 Folksonomy 所缺失的[48]。但本体的构建代价比较高，构建过程相当复杂，首先需要通过获取大量的相关领域专业知识，并加以规范，不断形成形式化的定义，这个过程较为繁杂，并且要不断统一对该领域知识的共同理解，为建模提供明确定义。本书对本体的架构进行了简化，只保留概念、属性、实例及相关的语义信息，这种基于Folksonomy构建的本体结构只能保证微博信息这种小规模语段的语义性，被称为“微博微本体”。微本体又称局部本体、轻型本体，其本质上是一种本体和Folksonomy融合下的产物。利用微本体的特性提高微博信息组织的语义性是本书的主要研究思路，可以想象，经过本体技术规范化的微博信息，具有明确的含义和结构化的特点，不仅有利于信息的组织和检索，更利于微博信息的监管。

3.2 微博信息组织中的微本体构建研究

目前微博在技术上采用 Folksonomy 对微博信息进行组织，该种方法采用标签(Tag)技术帮助用户进行微博信息管理，其具有两个显著的特征：一是自由性，即微博用户在添加标签信息时不需要遵循任何分类法或者词表；二是开放和共享性，即微博用户的活动空间是开放、共享的，每个微博信息都会产生互相的影响。但是该种方法的缺点同样明显，诸如语义模糊、一词多以、同义词、概念的专指性、语法错误、多语种交互等问题将不可避免。为了克服以上的问题，本书提出采用微博微本体的构建方法，该方法可以很好地解决以上问题。

(1) 微博信息组织中微本体构建原理。

微博信息组织环节的微本体构建需要对标签信息进行聚类，把标签信息映射成概念-属性-实例的本体架构，以实现标签的结构化，显示出标签之间的语义关系，从而将微博信息中的各种信息抽取为其他信息进行本体填充。微本体作为本体和 Folksonomy 两种信息组织方式在微博中应用的折中，是一种中间产物，既有利于本体构建，又增强了 Folksonomy 语义。构建微博微本体的最终目的是进行合理的微博信息管理，以微博信息的各项事件为基础，并以此作为本体架构对微博平台的各类信息进行有效组织。构建完成后的微本体包括六个部分：事件主体、事件类型、事件发生时间、发生地点、信息单元内容和关联资源。

① 事件主体：某条微博或某个微博话题的执行者、发起者或者参与者。

② 事件类型：根据不同微博描述行为对应的类型。

③ 事件发生时间：微博描述行为发生的时间。

④ 发生地点：微博描述行为发生的具体地点。

⑤ 信息单元内容：每个主体发布的信息内容，对应用户发布的每条微博。

⑥ 关联资源：微博信息单元中引用的各类资源的总称。

微本体信息架构如图 3.1 所示，语义信息、补充语义信息和推理规则是该微本体架构的三个主要部分。

① 语义信息包含所构建微本体的属性信息，主要包含 Objectproperty 和 Datetypeproperty 两组信息，可由 RSS 推送得到。

② 语义补充信息则由信息内容单元里的文字内容和关联资源提取而成。

③ 推理规则只保留 oneof、daterange、disjiontwith、equivalentclass 和 rdfs:subclassof。这种本体架构能对微博的主要信息进行挖掘和提取，并根据一定的规则进行归类和推理。由此可见，与正常的本体架构相比，微本体只是一种局部本体，在语义信息内容和推理规则上都做出了一定的让步，将二者进行简化。构建得到的微本体自然会丧失部分语义功能，并且也会缺失大部分的推理功能，但是微博是一个短文本发布平台，语义功能的部分缺失不会造成微博信息功能的缺失。

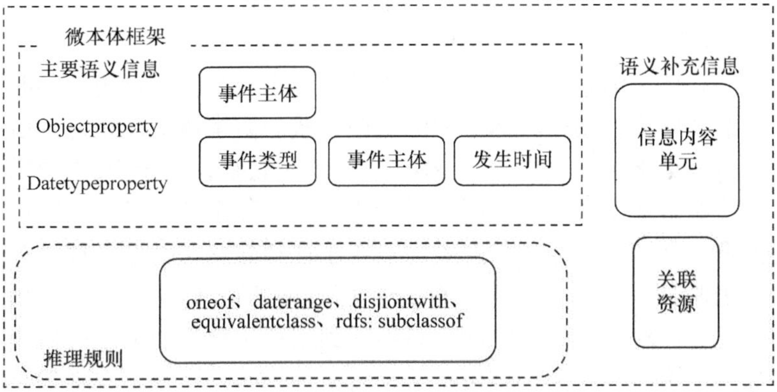

图 3.1　微本体信息架构

(2) 微博信息组织中微本体构建过程。

微博信息组织中微本体的构建需要结合 Folksonomy，在具体实现上，首先采用 Folksonomy 对自己或者他人的微博信息或者话题进行标注，也就是为微博信息资源加上标签，这些标签能够在一定程度上反映微博信息资源的属性和特征，因此它实质上是一种由用户产生的元数据，并且具备多种类型元数据的功能，包括资源的描述、定位、权限管理等，只是这种信息既不规范又缺乏结构性。

微博微本体的构建具体方法如下：首先进行标签的清洗。因为用来描述微博信息的标签数量众多且不断变化，每一个标签都参与到微博微本体构建中是不可能的，只能优选那些热门的标签，这是由于 Folksonomy 的运行机制使标签在使用量上呈现出无标度现象，即标签的添加和使用遵循幂律分布：热门微博使用的标签被多数用户使用，并能成为热门类目被“推荐”给更多的用户，而那些冷门微博信息标注和检索价值低的标签只用来满足用户的个性化需求，可以被用户以协作的形式“过滤”从而实现标签的清洗。

其次，标签的优化是重要的环节。标签的优化主要是解决标签的重复、包含等问题，现有很多方法可以有效解决这个问题，如利用形式概念分析技术。

最后，微本体框架的构建。利用微博标签构建本体框架的主要方法是通过统计方法、聚类工具等对标签进行聚类，获取标签之间类层次关系，并选择合适的、有代表性的标签为聚类后的概念命名，最后标签成为微本体的主要框架，即微本体中的类及属性。标签语义关系抽取是采用一定的方法生成标签间等级结构，主要的方法包括聚类分析、概率模型和网络分析等。

微博信息内容中含有大量语义信息，本书就是按照信息架构对类的属性和实例进行确立，根据实际需求，补充标签不能提供的属性，以信息内容对类的属性、属性值和其他语义关系进行补充。具体来说，其内容中的名词插入到类结构中充当属性；形容词和数字充当属性值；动词抽取为具体关系，得到微本体原型。

(3) 微博信息组织中微本体的更新。

目前的网络环境瞬息万变，本体的构建过程中会存在概念更新的时滞问题，造成本体的语义偏离，使得本体之间的反馈无效。微本体就能很好地解决上面的时滞问题，原因是微本体可以通过 RSS 进行动态更新，由于 RSS 提供的信息是动态的，会按照微博信息的发布时间进行排序，保障微博信息的实时性，将最新信息进行汇聚。微博微本体的信息关注点在于社会的热点话题，而这些社会热点话题大致分为两种情况：一是对已有的子主题(话题)进行讨论；二是热点发展产生了新的子主题。对于第一种情况，只需找到新产生消息所属于的微本体并在其基础上增加一个微博本体实例即可；对于后一种情况，需要创建新的子微本体，然后把这些新的子微本体插入到已有的父类微本体中，并且可能需要对总体的层次结构进行调整。至于新的热点话题，则需要构建新的微博微本体。这一过程使微本体架构聚合的内容不断地被打破重组，构成了持续优化和改进的内容组织形式，实现了微本体的优化更新。

3.3 微博信息微本体的构建过程和具体方法

构建微本体需要对具有相同或者相似信息的标签进行聚类处理，本书采用了层次聚类的 K-means 方法对微博信息标签进行聚类，最终形成“概念、属性和实例”组成的本体框架，以此来体现标签间的语义关系，在简化了本体复杂结构的同时，使本体结构清晰，易于控制。在语义关系确定以后，进行标签结构化操作，总体架构形成，同时，将具体内容添加到本体中，进行必要信息的本体填充，最终形成微本体。微本体构建方法流程如图 3.2 所示。

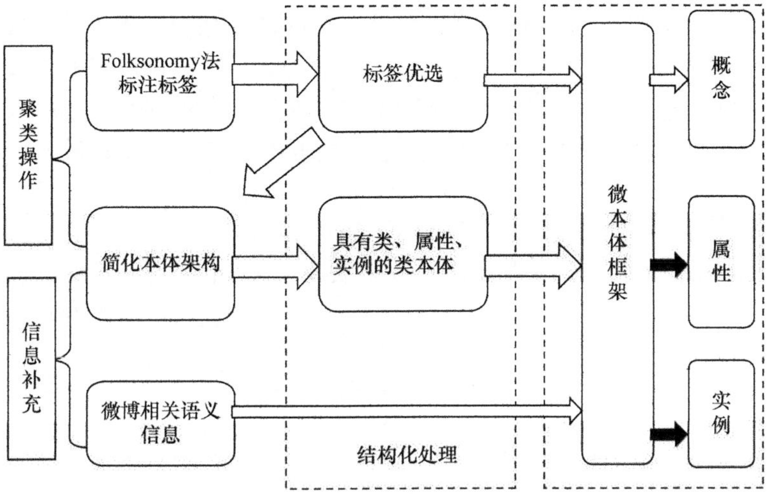

图 3.2　微本体构建方法流程

3.3.1　主题微本体的构建过程

在主题微本体的具体构建过程中，还需要利用 LDA 模型的思想，即将具有代表性的微本用户的博文进行分别整合，变成总的微博文本，然后把该文本看成所有内容主题的各个混合概率分布。借助 LDA 思想后，主题微本体的构建过程如下。

(1) 微博标签的预处理。首要工作是对标签信息进行预处理，包括标签数据的清洗、去噪、去重；然后，选择所需要的标签数据；最后，进行标签的切分处理，例如，切分出分词、连接词等。完成以上工作后，要进行标签的特征信息的提取，包括关键词(高频词)提取、词语(短语)提取、基于模板的信息提取、基于语义词典的概念转换等。最终整合成相应用户的术语集，得到微博主题微本体的概念层。

(2) 微博标签信息的优化。优化的目的是解决标签信息的重复、包含等问题。中文自然语言处理工具可以解决上述问题，如斯坦福自然语言处理机构设计和开发的自然语言处理集成系统和中国科学院计算技术研究所开发的 ICTCLAS 系统等。

(3) 确立词间关系、确立微本体主题模型。在完成微博标签信息的预处理和优化后，使用汉语开放词网(Chinese Open Wordnet)执行微本体构造的辅助操作，处理词间关系。聚类处理后的标记信息，命名聚类后的概念，形成主题微本体的名称，确立类的属性和实例，得到微本体主题模型。

(4) 主题微本体的构建。微本体主题模型确立以后，微博主题中依然含有较多的语义信息，微博主题的本体化就是对微博标签中不能提供的属性进行补充，也就是说，要补充类的属性、属性值和其他语义关系。微博主题本体化需要根据实际需求补充标签缺失的属性，具体来说，名词插入到类结构中充当属性，数字和形容词以属性值的形式存在，动词变成具体关系，再利用工具对微本体进行词语关系架构的处理，形成最终的主题微本体，使用 protégé 软件建立主题微本体，并存入主题微本体 MySQL 数据库中。主题微本体的构建过程如图 3.3 所示。

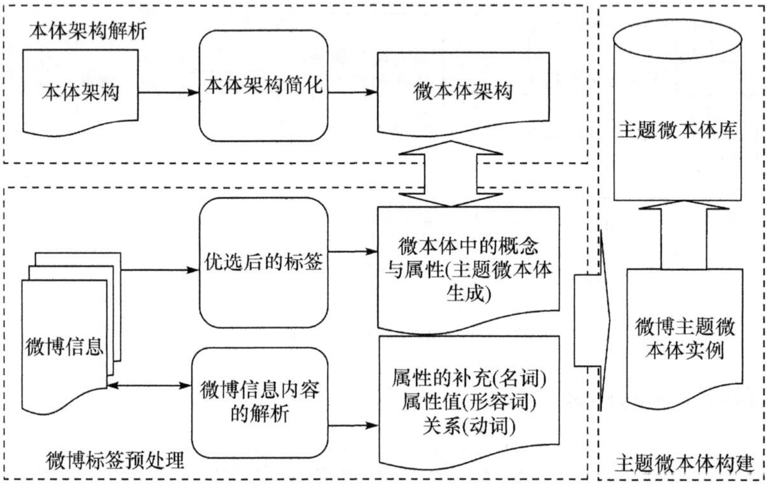

图 3.3 主题微本体的构建过程

3.3.2 用户微博信息微本体的构建

用户微博信息微本体与主题微本体属于并列的关系，其构建过程与主题微本体类似，不同点在于用户微博信息微本体侧重于微博用户信息，而不是主题信息，具体而言，用户微博信息微本体的侧重点在于单一目标用户所有微博信息内容的微本体化，而主题微本体的侧重点则是对庞大的微博内容进行处理。虽然二者侧重点有所偏差，但同属于微本体的构建，在实际过程中的构建原理和思路基本一致。在构建过程中，前者是微观上的内容微本体化，后者是宏观上的主题抽取并微本体化。下面简述用户微博信息微本体的构建过程。

(1) 目标用户微博信息博文预处理。将目标用户的所有博文信息进行整合，整合成微博信息文本，在整体微博信息文本中，进行标签的抽取。

(2) 标签聚类分析，确定其间的层次关系，为形成的微本体概念命名，将净化过的标签作为属性，结合文本信息优化结果，得到目标用户主题微本体原型。

3.4 基于微本体架构的微博信息管理机理

微博信息管理的成效受信息组织技术水平影响较大，微博信息组织技术与方法在很大程度上可以促进微博信息分享、信息传播、信息挖掘和舆情分析等，因此，微博信息组织的技术水平对微博信息生态链动态生成以及生成之后的平衡和净化都具有重要影响。

在微博信息传播环节，为了实现对微博信息传播管理的需要，本书把微博信息的发布、转发、评论、回复作为主要的监测对象，构建不同的微博微本体，在保留微博信息组织中微本体主框架不变的基础上，重构四种微本体。①发布微本体：主体、时间、地点、信息单元、资源列表；②转发微本体：主体、时间、地点、信息单元、参考信息单元；③评论微本体：主体、时间、地点、信息单元、参考信息单元、资源列表；④回复微本体：主体、时间、地点、信息单元、参考信息单元、资源列表。

上述四种微本体是微博微本体的子本体，这四种微本体可以在微本体架构的基础上利用类的衍生进行构造。利用 RSS 实现微博更新，首先通过微本体架构抽象成微本体实例,通过本体匹配技术与微博微本体映射解析出来的四种子微本体，即发布微本体、转发微本体、评论微本体和回复微本体进行匹配。在以上背景下，本节将微博信息传播的监管转化成对微博微本体库中的四种子微本体实例进行监测，也就是转换成对任意子微本体实例中原有实例个数、新增实例个数和实例快速增加的累积时间，存储在微博微本体实例统计库中进行监控，尤其是对单位时间内暴增实例的微本体实例进行关注，一旦发现其有突破临界点的趋势便予以报警。基于微本体的微博信息监管机理如图 3.4 所示。

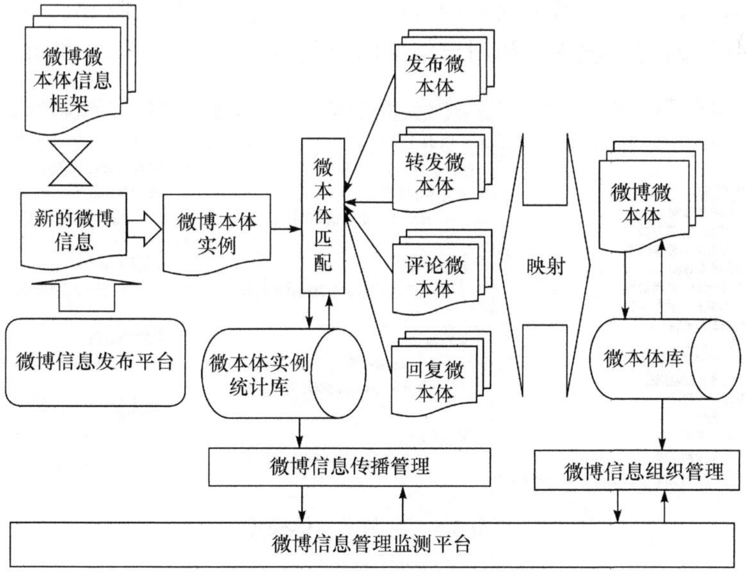

图 3.4　基于微本体的微博信息监管机理

3.5　基于微本体的微博信息组织实证分析

作者利用微本体构建的思想进行某一领域微本体的构建，利用本体建模思想对微博信息的组织进行了规范，有效地提高微博信息描述的规范性，同时利用自由分类法和本体技术构造的微本体来组织微博信息，实现微博信息组织和传播中的可检测性和可控性，为微博信息管理在信息内容层面提供了具体的实现方法。下面的实证分析中，作者构建了微博中汽车领域的微本体，验证微本体在信息组织管理阶段的作用，并验证构建微本体后对微博信息匹配精度的提升。作者选用了三种微本体匹配算法，辅助验证微本体匹配在信息组织中的作用，同时也验证了采用微本体图匹配算法的微本体匹配具有更高的匹配效率和精准度。

(1) 微博信息采集及处理。

本书使用 Python 3.6 的 Pycharm 对微博首页的热门信息进行网络爬虫，分别爬取汽车、音乐、教育、地产等领域的微博热门信息，各领域爬取 1000 条热门微博信息作为样本，并将爬取后的博文内容存储到文本中，进行分词处理和层次聚类处理。准备工作结束后，根据微本体的构建机理进行主题微本体和用户微博信息微本体的构建，并使用 protégé 软件进行可视化。

分别构建汽车、音乐、教育、地产这四个领域的主题微本体，并根据相应领域内有代表性的用户的博文内容进行用户微博信息微本体的构建。以汽车领域为例，可视化后的主题微本体和用户微博信息微本体分别如图 3.5 和图 3.6 所示。

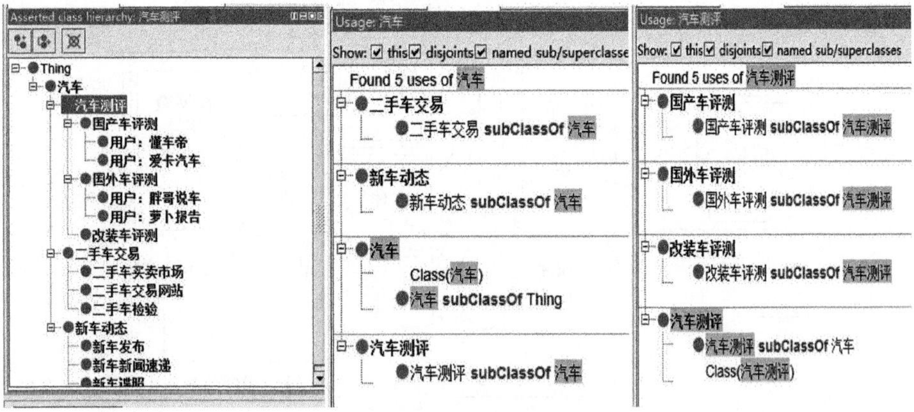

图 3.5　主题微本体模型

(2) 算法评估。

使用查全率(Recall)指标、查准率(Precision)指标和 F-Measure 值作为评价该微本体图匹配算法的主要准则。

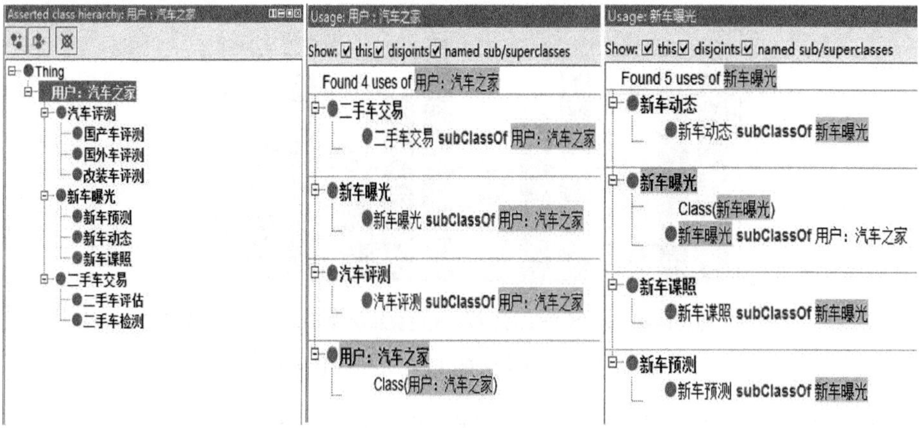

图 3.6　用户微博信息微本体模型

① 查全率(Recall)：r=正确匹配对/所有匹配对。

② 查准率(Precision)：p=正确匹配对/所有匹配对。

③ F-Measure 值由 r 和 p 共同决定，反映算法的实际效果：F-Measure= $(p\times r\times 2)/(p+r)$。

将构建的汽车、音乐、教育、地产这四个领域的微本体作为测试集，采用微本体图匹配算法进行微本体匹配，通过查全率、查准率和 F-Measure 的计算公式进行计算，得到相应的数值，再与传统的微本体匹配算法和 Falcon-AO 系统内置算法的计算结果做比较，来评估微本体图匹配算法的优劣性。需要注意的是，为了得到较为直观的匹配结果，需要将相似度阈值设为 0.8，选取以上四个测试集中的相似度大于 0.8 的微本体对作为初始相似对，以求达到较好的匹配结果。

(3) 评估结果。

对微博热门信息中的汽车领域 Q1、音乐领域 Q2、教育领域 Q3 和地产领域 Q4 的微本体对作为测试集，分别使用基于 SJ-Tree 的微本体图匹配算法、普通微本体匹配算法和 Falcon-AO 内置算法进行匹配实验，并比对三种算法的 r 值、p 值和 F-Measure 值，结果如表 3.1 所示，三种算法的 F-Measure 值柱状图如图 3.7 所示。

表 3.1　微本体图匹配算法与其他算法的比较

测试集	微本体图匹配算法			Falcon-AO 系统内置算法			普通微本体匹配算法		
	r	p	F-Measure	r	p	F-Measure	r	p	F-Measure
Q1	0.98	0.97	0.97	0.95	0.93	0.94	0.92	0.90	0.91
Q2	0.97	0.96	0.96	0.95	0.92	0.93	0.91	0.90	0.90
Q3	0.98	0.96	0.97	0.96	0.93	0.94	0.92	0.91	0.91
Q4	0.96	0.94	0.95	0.94	0.91	0.92	0.90	0.89	0.89

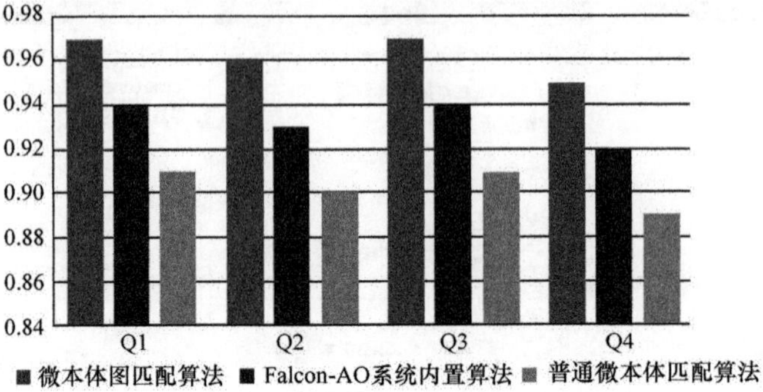

图 3.7　三种算法的 F-Measure 值比较

可以看出，在对四个测试集进行实验后，微本体图匹配算法的查准率、查全率和 F-Measure 值都要优于其他两种算法，可见微本体图匹配算法可以提升微本体的匹配效率和精度，对于提高微博信息的匹配和推荐具有重要的意义。

第 4 章　基于信息生态的微博信息传播模型构建和传播管理机理研究

本章以微博信息传播可控化为目标，综合复杂系统、协同学和系统动力学的相关理论对微博信息传播机理进行分析；结合社会网络理论对微博信息加速传播时信息传播节点的表征进行分析，发现其影响因素之间的关联以及微博信息加速传播的真正动因，构建微博信息传播阶段的信息生态模型；阐述基于上述模型的微博信息传播机理，并提出相应的微博信息传播阶段的生态化管理策略。此外，针对微博信息建模过程中影响因素众多、过程复杂现状，对模型构建的依据及其演化脉络进行梳理，并对现有微博信息模型进行功能解析和演化分析，从节点自身属性、链接关系到整体拓扑结构演化的角度，解析微博信息传播模型中的社会网络特征；从传播模式、传播影响因素和传播规律演化的角度，阐释微博信息传播模型的复杂网络特性；从传播预测和传播控制的角度，揭示微博信息传播模型的双重网络特质。

4.1　微博信息传播机理及演化方向分析

4.1.1　基于节点自身属性的微博信息传播分析与演化

微博信息传播的本质是信息在传播者节点与接收者节点之间流动的过程，其中传播者和接收者通常是微博平台内的用户，各节点间的关联关系可以看成用户关注所形成的连线。因此，一个健全的微博信息传播网络结构需要充分考量各节点特质、节点间关联以及网络有向性等因素对整体架构的影响。

节点特质又称为节点自身属性，是微博信息传播网络构建的关键因素之一，一般通过定量分析节点所占权重来识别其网络地位，权重值越高，该节点在网络中越处于关键位置。传统节点权重模型是对用户活跃度、博文热度等指标进行定量计算，对比分析各节点的权重大小。但此类方法存在计算量庞大、算法精度低等弊端，不适用于数量较大的集合。随着信息传播研究的不断发展，国内外学者发现节点的传播影响力是影响网络构建的重要因素，对于识别微博传播路径中的关键节点具有决定性作用。Tang 等认为信息扩散广度、速度和深度是评价一个用户传播影响力大小最直接的表现，将其作为评价指标，分别赋予相对应的权重系数，构建基于 WSD-Rank 算法的传播影响力模型[49]。与传统的 PageRank 算法对比，这种算法的节点传播影响力的表达更直接，适用性更高。随着拓扑结构研究的融入，将紧密中心度和介数中心度作为评价指标，对节点传播影响力进行衡量，但是其仅从节点自身属性出发，并没有考虑节点链接关系带来的影响，缺少整体性。Kang 等为提高识别关键节点的准确度，将近似计算节点和边的中介中心性作为识别关键节点的评价指标，节点中介性近似算法具有代表性的是 Bader 提出的在 MPI 上执行 Brandes 算法[50]，但陶永才等研究发现这种算法运行时间过长[51]。为了提高节点中介性的计算效率，在 Brandes 算法的基础上，执行 Betweenness 算法，将求得的每个节点唯一的 Betweenness 值作为基数，最终求出每个节点的中介性值。这种方法不仅提高了节点中介性的计算效率，并且提升了节点中介性值的准确度。

通过构建信息传播模型对节点自身属性进行研究也是比较常用的方法之一。在独立级联模型(Independent Cascade，IC)和线性阈值模型两个经典模型的基础上，张磊等提出了递减级联模型、DRUC(Decaying Reinforced User-Centric)等演化模型[52]。DRUC 模型是在线性阈值模型的基础上，结合信息内容和用户轮廓，综合考虑了用户兴趣度、接收者传播意愿和被感染的邻居节点三个因素反作用，但是该模型没有考虑信息传播可能存在延迟时间[53]。独立级联模型和线性阈值模型及其演化模型最大的缺陷在于模型构建的前提条件，即假设任意两个节点之间的信息传播时间是相同的，并且传播过程是离散的、同步的。然而在实际信息的传播过程中，任意两个节点之间的传播时间都是不同的，并且传播过程是连续的、不同步的[54]。Zhao 等提出的递减级联模型认为在传播过程中节点之间传播概率会随着时间的推进递减[55]。因此，通过引入传播延迟时间，提出了 AsIC(Asynchronous IC Model)非同步模型(见图 4.1)，在分别对传播主体特征(影响力、权威度和活跃度)、传播客体特征(传播意愿)和传播的信息特征(情感属性、是否包含 URK 链接、是否包含标签)进行讨论分析，构建了基于 AsIC 模型的一种细粒度社会网络信息传播模型，实证表明该模型提高了传播过程预测准确率。

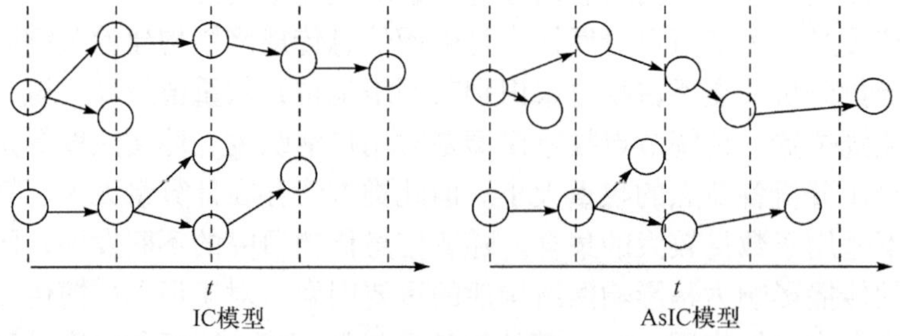

图 4.1　IC 模型和 AsIC 模型

4.1.2　基于节点链接关系的微博信息传播分析与演化

节点链接关系表示两个节点之间相互作用从而产生对彼此的影响，不同节点之间的链接关系是不同的，因此对微博信息传播带来影响和作用也是不同的。现有的节点链接关系典型算法大多是从 PageRank 算法演化而来，比较成功的演化算法有 TwitterRank 算法和 SpreadRank 算法[55]。Zhao 等构建的 TwitterRank 算法通过融入话题影响力、关注关系网络、用户发布微博数量和用户兴趣相似度等影响因子，提高识别话题的敏感度[56]。Ramage 等提出的 SpreadRank 算法将转发时间间隔作为影响因子，并考虑了区别于不同用户在传播过程中的级别，提高了影响力计算的准确度[57]。微博网络中的节点链接关系具有多种形态，因此分别从网络结构图、点度中心度、中间中心度和成分分析四个方面解析传播影响因素，研究结果表明强势节点出现越早，传播范围越广，具有强势性质的节点的合理布局有助于网络结构的扩大。

由于节点链接关系最直接的表现就是节点之间的关注度，所以运用程度中心法衡量节点的直接关注度，直接关注度越高，成为关键节点的概率就越大。但是这种方法只考虑了节点的局部环境，忽视了其他间接关联节点的影响作用。基于此有学者提出了一种接近中心法，通过测量节点之间的最短路径，节点与其他节点的最短路径和越短，则接近中心度越高，成为关键节点的概率也就越大。虽然接近中心法的准确度和整体性都高于程度中心法，但是这种方法的约束性和计算复杂度却很高，必须所有节点完全相连的网络结构才适用此方法[58]。为了解决这一问题，崔金栋等提出了一种综合判定算法，在同质节点的所有子网络结构中都引入一个超级节点，该节点与子网络内所有节点都相连，并且每个超级节点均相连，然后再运用接近中心法[59]。这种方法不仅突破了原方法的约束性，而且提高了适用性，可以分别从全网络、同质子网络、异质子网络进行测量，更加全面合理。衡量节点关系判定方法及其演化关系如图 4.2 所示。

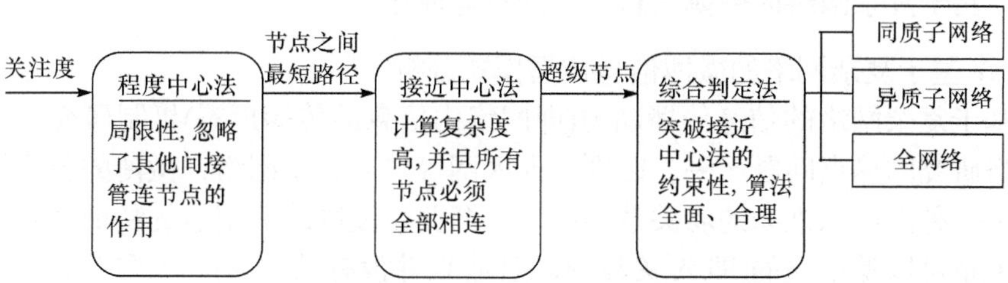

图 4.2　衡量节点关系判定方法及其演化关系

4.1.3　基于网络拓扑结构的微博信息传播分析与演化

网络结构是影响微博信息传播的主要因素，因此，对网络拓扑结构自身属性进行分析，或通过构建网络拓扑结构同样是微博信息传播的重要研究方向之一。Kureichik 等基于网络拓扑结构，将点度中心性、中间中心性和接近中心性作为评定指标，通过分析微博社会网络中心性，发现当信息敏感度超越某一个临界点，关键节点影响力将会随着敏感度的提升而减弱，精准及时有效地识别关键节点对控制事件的传播扩散具有重要作用[60]。以突发性事件的传播作为出发点，分析事件发展的时间阶段特性，采用邻接矩阵的方式表示节点和边，构建信息传播网络拓扑结构，从而找出控制事件恶性发展的关键时间和节点。虽然这种方法能够有效地识别关键节点，但不具有通用性。基于此，构建两个双向“关注”网络，通过分析网络中的中心性指标，从而证实了中心性指标不同的节点对信息传播的深度以及和广度的影响程度有所差异，并且紧密度的应用大大提高了寻找网络核心节点的准确度。随着研究的不断进步以及学科之间的交互作用，借鉴社会物理学思想，以微博信息传播网络中的特征向量作为出发点，将传播过程中的影响因素以及传播模式类比为动力学变量，建立微观动力学方程为

$$X_i(t) = v_0 \times \mathrm{e}^{-\lambda_i \times (t-t_0)} \times \frac{\alpha \sum\limits_{t-t_0} n_r + \beta \sum\limits_{t-t_0} n_c + \gamma \sum\limits_{t-t_0} n_w}{\sum\limits_{t-t_0} n_l} \tag{4.1}$$

其中，$X_i(t)$表示 t 时刻用户获取信息继续传播的概率。该方程主要有三个影响变量，分别是信息价值 v_0、信息关注程度 $\mathrm{e}^{-\lambda_i \times (t-t_0)}$ 和时效性及参与信息传播的用户比例 $\frac{\alpha \sum\limits_{t-t_0} n_r + \beta \sum\limits_{t-t_0} n_c + \gamma \sum\limits_{t-t_0} n_w}{\sum\limits_{t-t_0} n_l}$。同物理学振动方程原理，信息价值与信息关注度、被传播的概率成正向相关关系，与此同时，信息被传播的概率越大，用户继续传播的可能性也就越高。

4.1.4 基于复杂网络的微博信息传播分析与演化

(1) 基于复杂网络的微博信息传播模式分析。

基于复杂网络的信息传播动力(即网络内信息的传播形态)机制研究一直是微博网络研究的热点问题之一。区别于人人网等熟人关系网络，微博的公开性令其成为了一种由信息推动的弱关系型网络。弱关系型网络最明显的特征就是用户之间的关系可以是单向的(即 A 关注 B，但是 B 并没有关注 A)。单向关联关系的优势在于网络内的节点互联性更优，网络结构更加紧密。Abbes 等通过对比其他社交网站的信息传播，这种存在单向关联关系较多的微博网络促使信息传播路径更长，传播速度更快，具有很明显的小世界网络特征，并且非常符合六度分隔理论[61]。对信息转发传播动力模式进行研究，将其分为三种传播模式：①单关键点

型，传播速度快，并且传播节点大多数是强势节点；②链式型，传播范围小，影响力小；③多关键点型，在传播过程中需要大量的强势节点和关联中介节点，传播范围广，影响力较大。但是这种分类方式很显然略于粗糙，在对微博若干个热点信息的传播动力模式进行了详细分析后，将其分为七种主要传播动力模式：波纹型、蒲公英型、菌落型、烟花型、蜂巢型、双子星型、随机引爆型，其中比较普遍的传播动力模式是波纹型和蒲公英型。信息转发传播模式如图 4.3 所示。

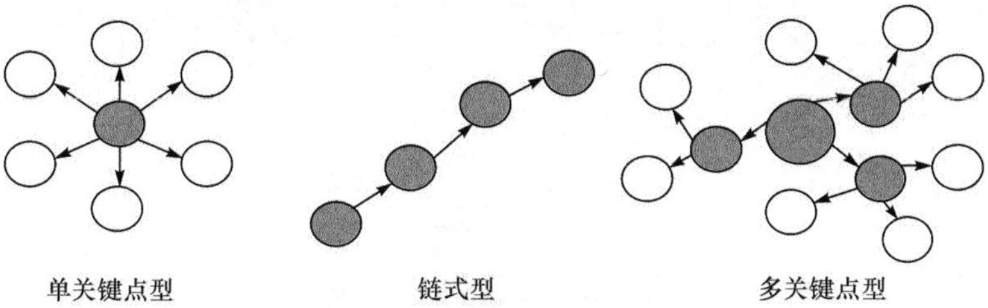

图 4.3　信息转发传播模式

(2) 基于复杂网络的微博信息传播规律模型与演化。

① 经典传染病毒 SIR(Susceptible Infected Recovered)传播模型。微博信息传播规律的研究模型多数都是基于 SIR 模型所构建的。根据动力学方法构建了 SIR 模型，早期主要用于为了发现病毒传播以及发展规律的定量研究。后期将 SIR 模型用于信息传播，其逐渐成为应用最广泛的模型之一，并对信息传播的研究做出了巨大的贡献。SIR 模型将 S 定义为易感染节点，I 定义为传染节点，R 定义为免疫节点，每个节点都有可能变为这三种类型的节点。但是 SIR 模型的不足在于它的基本假设前提是网络内用户总数量是不变的，易感染节点变为传染节点和传染节点变为免疫节点概率值都是固定的，并且 SIR 模型只考虑随时间的变化节点之间内在因素产生的影响，忽略了外部环境因素可能对节点数量变化带来的影响。基于此，通过融入其他影响因素或是加入新的节点状态，提出了 SIR 模型的演化模型。

② 融入新的影响因素的 SIR 模型的演化。用户和信息作为微博信息传播主体，将用户活跃度和信息敏感度作为影响因子融入 SIR 模型，令传播过程变得更加贴合实际；将遗忘机制(可能将感染节点和免疫节点变成易感染节点)和遏制机制(可能将感染节点转变成免疫节点)作为影响信息传播的重要因素融入 SIR 模型，如图 4.4 所示，依据传播规则，建立信息传播方程为

$$\begin{cases}\dot{S}(t)=-(\lambda+\theta)S(t)+\beta(t)+\gamma R(t)\\ I(\dot{t})=\lambda S(t)I(t)-\alpha I(t)-\beta(t)\\ R(\dot{t})=\alpha I(t)-\gamma R(t)+\theta S(t)I(t)\end{cases}\tag{4.2}$$

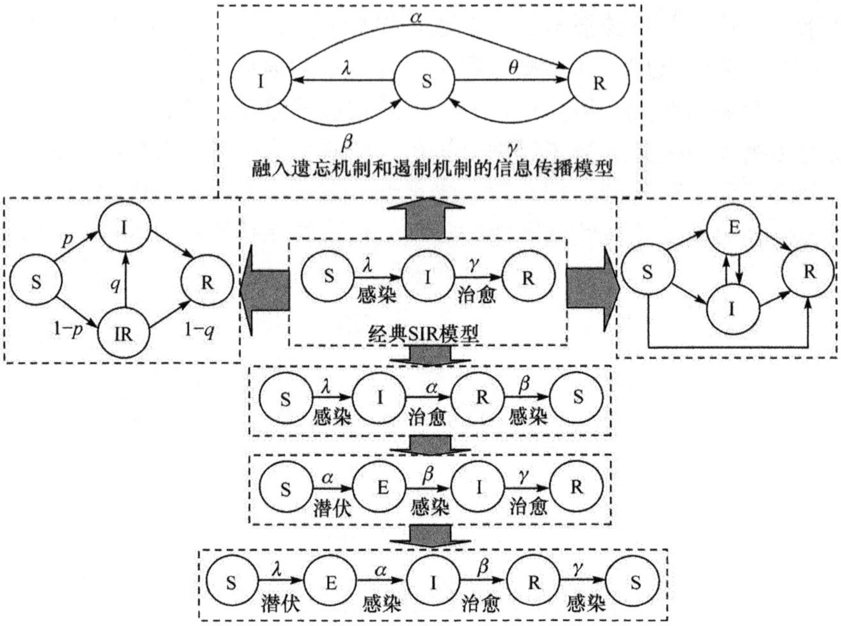

p、q、λ、α、β、γ为传染概率

图 4.4 SIR 经典模型及其演化模型

计算节点密度变化趋势及传播速率，结果表明遗忘机制和遏制机制对信息传播具有显著的影响作用。由于网络社会因素同样会给传播路径带来影响，所以将社会加强因素融入 SIR 模型进行讨论，提出一种 CSR 模型(在线社交网络谣言传播模型)，但是 CSR 模型的针对性较强，不具有通用性。因此，基于 CSR 模型，通过更新传播规则，运用动力学方程，融入个人接受阈值，提出一种基于移动社交网络的谣言传播模型，该模型验证了信息在均匀网络结构中的传播速率更快。但是上述研究都是将拓扑结构置于规则网络中，这与实际的网络结构有一定的差距，研究结果缺少实用性。因此，基于 SIR 模型，加入用户相对影响力因子，构建 RWSIR 模型，通过引入节点转化概率系数λ，并在随机网络、小世界网络、无标度网络中仿真分析，研究结果显示 RWSIR 模型与实际的微博信息传播过程更加贴合。

③ SIR 模型节点形态的演化。通过改进节点形态构建的 SIR 演化经典模型有 SEIR 模型、SIRS 模型和 SEIRS 模型，并且 SIRS 模型和 SEIRS 模型为微博信息传播的稳定性分析做出了较大的贡献。除了上述经典演化模型，依据不同研究方向和目的，从不同角度对 SIR 模型进行了改良演化。为了研究信息传播周期、传播速度、传播深度与节点状态的关系，SEIR 模型将传播节点分为 S 态(易感染用户)、E 态(感染用户，且与传播者观点一致)、I 态(感染用户，与传播者观点不一

致)和 R 态(免疫用户)，运用经典 SIR 微分方程推导原理，计算节点感染概率、信息忽略概率和感染用户衰减度。SEIR 模型的实证结果表明，信息传播过程中的初始节点感染率越高，传播速度越快；信息忽略概率越高，被感染用户越少；已感染用户衰减速率越快，传播周期越短，传播范围越小。为了研究信息传播有效率和节点规模的影响程度，SIRS 模型和 SEIRS 模型将节点分为 S 态(未收到信息)、I 态(收到信息，确定会继续传播)、IR 态(收到信息，不确定是否会继续传播)和 R 态(收到信息，确定不会继续传播)四种形态，从网络结构特征、信息属性和用户主观差异性分析影响因素，通过模型仿真，认为这两种因素对信息传播速度和深度的影响可以忽略不计。可以看出，SIR 演化模型在挖掘微博信息传播模式和传播规律的研究中取得了突破性的进展。

4.1.5　基于多重网络的微博信息传播预测和控制模型分析与演化

微博网络结构可以看成由线上网络和线下网络构成的一种多重网络，线上网络由微博平台内的节点用户构成，线下网络由现实世界的微博用户构成。因此，基于多重网络对线上网络开展传播预测研究，为线下网络制定信息传播控制策略提供依据；对线下网络进行微博信息传播控制研究，为网络环境安全提供保障。

(1) 基于多重网络的线上网络微博信息传播预测模型分析与演化。

线上网络的微博信息传播预测主要对用户的转发行为、信息的传播路径预测分析。将用户名、直接链接节点数量、信息内容等特征作为预测指标，对用户的转发行为和传播路径进行预测。然而，预测指标过少，或者不是主要影响因子，预测精确度较低，不具有实用性；当预测指标数量满足条件时，虽然提高了精确度，但由于特征向量过多，量化处理非常复杂，难以达到预测的目的。基于此提出了一种信息传播路径级联概率模型，通过运用贝叶斯网络、朴素贝叶斯和逻辑回归三种经典算法，分析影响用户转发行为的相关因素，从而实现对用户转发行为和传播路径的预测，实验证明该模型预测精度较高。但是该模型也存在一点不足，它将微博网络内所有用户的转发特征和属性看成相同的，忽略了网络内存在的大量“水军”和“僵尸粉”。

归纳总结影响用户转发行为以及传播路径的因素，可以分为三大类：节点特征(关注度、PageRank 值、转发活跃度等)、社交特征(与传播节点交互强度、与传播节点的兴趣相似度等)和发布信息特征 (与用户历史兴趣相似度、信息发布时间等)。主要运用的经典预测算法有：判定树、贝叶斯、朴素贝叶斯、逻辑回归等。随着研究的深入，这些最初运用的经典算法已经不能满足微博信息传播预测的研究，基于此提出了一种改良的决策树算法——随机森林微博转发预测算法，随机森林构建过程如图 4.5 所示。通过提取重要特征，加入用户间微网络关系和用户权重等系数，预测用户的转发行为，实验证明随机森林微博转发预测算法性能高于其他经典算法，并提高了预测精度。

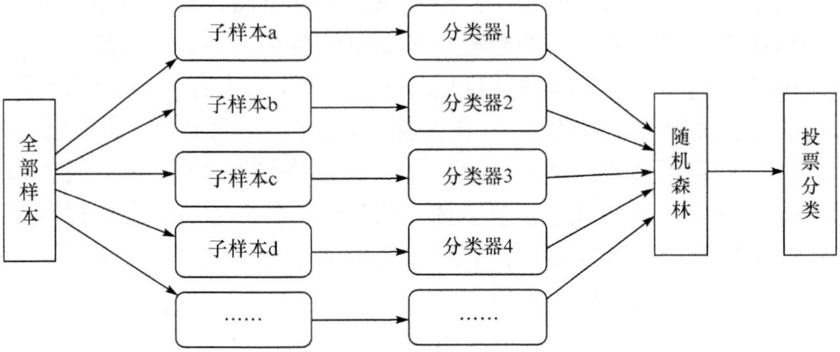

图 4.5　随机森林构建过程

(2) 基于多重网络的线下网络微博信息传播控制模型分析与演化。

由于微博网络的特殊性，信息传播多样且便捷，一旦不良信息形成爆发式的传播，将对微博平台、网络环境带来诸多不利影响。上述对微博信息传播研究的最终目的就是给信息传播提供控制服务，因此对控制策略的制定和实施进行研究具有重要意义。

可以将控制策略模式分为个体方式、分割方式、诱导方式和改变方式。个体方式指对子网络关键节点以及群体网络间的关键关联节点进行识别；分割方式是将整个网络划分为若干个子群体网络，通过子群体网络内的节点影响力和牵制力实现控制的目的；诱导方式指利用节点之间的诱导机制实现控制；改变方式是通过改变网络内节点数量或者边的链接关系实现控制。最初在研究微博信息传播控制策略时提出了一种随机控制策略，这种方法的缺点在于如果想要达到控制的目的，需要选取的控制节点数量过于庞大。为解决这一问题，提出了一种目标控制策略，然而微博网络的巨大规模令目标控制同样难以实现。基于此，熟人控制策略应运而生，它是将随机控制策略和目标控制策略相融合：首先运用随机策略选取部分节点，然后找到与其相关联的邻居节点，最后对部分邻居节点采取目标控制策略。通过仿真分析，验证了这种方法不仅容易实现，而且实施效果非常理想。

博弈论是一种研究在特定条件下，个体如何选取令自己获取最大化收益的策略的理论。通过借鉴博弈论思想，分析信息传播策略演化，计算遇到突发事件时采取不同策略分别可能获取的收益，为控制微博信息的恶意传播，制定适合事件的良性发展和演化的最优策略提供依据。仿真分析的结果表明，参与传播用户多、爆发时间长，并且规模较大的群体事件更加适合透明公开处理；参与传播用户少、爆发时间短，并且在未变为热点事件前可适当对信息进行屏蔽处理。

4.1.6 信息生态视角下的微博信息传播模型演化方向

(1) 微博信息传播中节点、节点链接与信息内容的融合。

从所构建的传播模型及其演化模型可以看出，侧重点主要放在微博传播节点属性和传播路径属性的研究，然而却忽略了另一个关键主体——信息。在微博传播过程中，信息可以划分为多种类型，并且可以通过不同的分类方式进行分类，不同类型的信息在传播过程中的传播路径、影响力等都会存在较大的差异。节点用户不仅与节点之间有链接关系，同样也与传播的信息内容有相应的链接关系，用户的心理行为、关注信息类别、发布信息类型等都会对信息的属性带来一定的影响。微博网络结构可以看作由若干个子网络构成，信息属性与子网络的匹配度，信息在传播过程中的演化等问题同样是信息传播研究的重要方向。因此，对微博信息进行类别划分，设定相关指标评估不同类型信息的差异性以及在传播过程中所带来的影响，促进了挖掘信息传播特征以及传播机制的深度，为制定信息调控监管策略，规范微博网络环境提供了更加可靠的依据。

(2) 微博信息传播中复杂网络与多重网络的融合。

由于现实微博网络的复杂性，线上线下的多重关系，每个子网络结构之间不同的链接关系，并且用户的个性化特征、信息的多种类别都对微博网络结构的属性增添了复杂性，所以运用单一的网络结构研究微博信息传播显然不够贴合实际，研究成果现实适用性并不强。运用大数据解析微博网络结构中的基本特征，将复杂网络与多重网络融合，整个微博网络既具有小世界和无标度等复杂网络的特性，同时又兼具多重网络的线上线下网络结构特性。从微博网络的整体性来看，将微博传播规律的研究与预测控制的研究相融合，不仅令所构建的网络结构模型更加贴合实际，而且通过网络结构的整体性研究，进一步优化了信息传播的路径，并且提高了演化规律准确度。从微博子网络角度来看，将线上网络与复杂网络融合，对网络结构自身特性及其复杂性进行研究，拓展微博信息传播研究深度，进一步提升了预测精度，并且成果更具有实际应用价值；将线下网络与复杂网络融合，优化控制策略方案，提高了控制策略实施点的精准度，为微博信息监管调控提供了更加可靠的依据。

(3) 微博信息传播与大数据的融合。

随着大数据技术的飞速崛起，将大数据技术与微博信息传播管理相融合，不仅为研究微博信息传播提供了新的研究工具，而且为传播监管提供重要的技术支持。在理论研究方面，运用大数据技术，分析归纳总结微博信息传播主要影响因素、关键路径等，为理论研究提供了准确度更高的实践依据。

在实践应用方面，运用大数据技术，解析整个微博网络结构的所有因子的属性，从中找到每一类因子的共通特性，以此为基础，识别用户性质，严加监管“水军”类型用户，甚至可以将其设置为黑名单用户；识别信息性质，辨别虚假消息并进行相应的封闭处理；预测信息传播路径以及用户转发行为，控制舆论信息爆炸性传播。基于大数据的微博信息传播如图 4.6 所示。

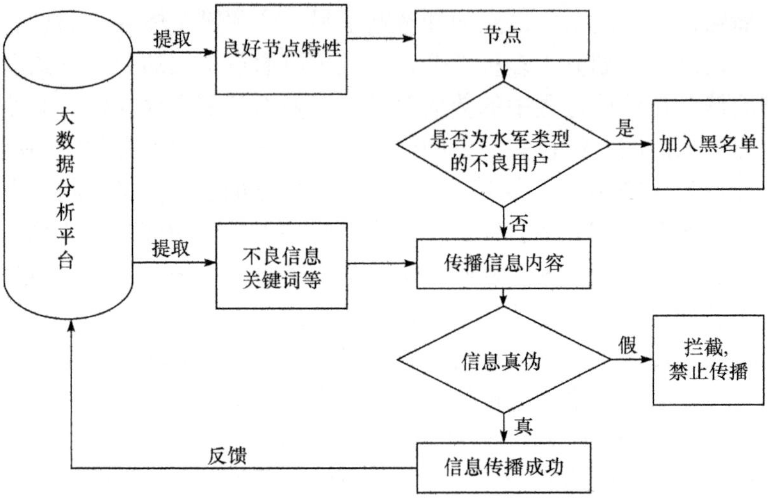

图 4.6 基于大数据的微博信息传播

4.2 微博信息传播影响因素分析及控制策略

4.2.1 基于复杂网络的微博信息传播影响因素分析

时间、用户行为特征、信息发布都有可能造成微博信息传播网络结构的演化，从而给信息传播带来影响。因此，本书从网络结构整体属性、局部属性以及演化时间规律三方面分析造成网络结构演化的主要影响因素。

(1) 整体网络结构影响因素。

小世界、无标度特性通常被用来形容复杂网络的整体宏观结构，正是因为这些特性，微博网络在实际演化进程中，存在一种择优连接现象，即节点粉丝数量越多，被新节点关注的概率就越大。因此，将节点被新节点连接的概率 $p(k_i)$表示为

$$p(k_i)=\frac{k_i}{\sum\limits_{j=1}^{n}}k_j \tag{4.3}$$

其中，k_i是节点 i 的度值。除了这种择优连接现象，微博平台会通过相关规则实行推荐机制，包括推荐好友、推荐微博信息等随机因素，所以网络内还拥有大量的随机连接。因此，将择优与随机模式融入无标度网络模型，则节点被新节点连接的概率表示为

$$p(k_i)=\frac{(1-\rho)(k_i+\alpha_i)+\rho}{\sum_{j=1}^{n}[(1-\rho)(k_j+\alpha_i)+\rho]},\quad \rho\in[0,1] \tag{4.4}$$

其中，ρ 为可调参数，取决于择优和随机的权重，当 ρ 较小时择优权重占优，反之随机占优；α_i 为吸引力因子。从式(4.4)可以看出，节点被新节点连接的概率取决于网络的随机性、节点的度和吸引力。节点度值大、吸引力高，被连接可能性非常大；节点度值小，但吸引力高，被连接可能性可能会较高，这类节点通常指新注册的社会名人，或是受一些事件影响突然成为焦点的普通用户；节点度值大、吸引力低，被连接的概率小，如名人退出微博平台，不再发表信息，随之其吸引力会迅速减弱；节点度值小、吸引力低，则被连接的概率更低，这类节点普遍是粉丝数量较少的普通用户。

(2) 局部网络结构影响因素。

通过解析微博网络内部结构，局部网络结构演化的主要影响因素有以下三点。

① 共同邻居节点的影响。通过对真实网络进行实证分析，研究结果表明陌生节点是否能够建立关系，与它们的共同邻居节点有很大关系。共同邻居节点越多，建立直接联系的可能性就越大。无论是好友引荐还是微博推荐机制，关键指标在于共同好友数量。在微博网络中，可以将两个互相关注节点看成一个子网络，微博网络则是由若干子网络构成的网络结构，子网络数量越多，共同邻居节点越多，延长信息传播路径、扩大信息传播广度概率就越高。

② 共同属性的影响。在微博网络内，具有共同属性(具有相同兴趣、职业等)的节点往往会形成一个小集体网络，很显然，小集体网络内原本陌生的两个节点变成互相关注的概率将会大大增加。共同属性的存在驱动着小集体网络的构建，从而增大了节点之间的直接联系概率，进而促进微博信息的传播。

③ 镀金效应。镀金效应指微博网络中借助其他用户力量从而提高自身影响力的一种行为。最直接的做法就是将增加粉丝数量作为共同目的的用户之间的互相推荐，或是通过与名人的互动，吸引名人的关注、评论和转发，从而间接获得关注量，提升自身影响力。镀金效应的前提在于用户活跃度、发布信息价值等，信息价值高，镀金效应发生的概率就较大，扩大信息传播范围的概率就越大。

(3) 演化时间规律因素。

网络结构的演化不是一种稳定的结构变动，用户的活跃时间分布情况、突发事件的发生等不确定性因素都会对信息源节点的网络结构带来一定的影响。经统计分析，用户活跃度日高峰期处于 11:00～12:00、17:00～18:00、22:00～23:00 三个时间段，周高峰期则在周五、周六、周日三天。由此可见，活跃度高峰期几乎处在用户的休息时段内。通过对微博网络的演化情况进行监测，发现在高峰期时演化较快，低谷期则比较平稳。突发性事件作为影响网络结构演化的一种不确定因素，一般会经历三个时期：酝酿期、飞涨期、消退期。以往调查数据显示，事件发生后较短时间内，信息转发量和信息相关的节点关注度会暴增，从而令整个网络结构发生显著变化。

4.2.2　计及话题二次传播的微博信息传播模型研究

最初将 SIR 模型应用在信息传播研究的目的是通过构建模型模拟仿真社交网络平台的信息传播过程，挖掘信息传播规律，为预测信息传播方向、制定控制谣言传播策略提供参考依据。SIR 模型和 SEIR 模型的使用前提都是假设研究群体的总数量是不变的。SEIR 模型把节点类型分为四类：易感者(Susceptible)，指未患病者，没有免疫能力，与染病者接触后易被感染；潜伏者(Exposed)，指已经与染病者接触，但是还未患病；染病者(Infective)，指已携带传染病毒患者，并且可以将病毒进行传染；移出者(Removal)，指染病后已被治愈的患者，具有免疫力。SEIR 模型如图 4.7 所示，S 类患者会以 α 的概率转变成为 E 类患者，E 类患者会以 β 的概率转化为 I 类患者，I 类患者则会以 γ 的概率转化为 R 类患者，R 类患者由于已产生抗体，并不会进行状态的改变。SEIR 模型的动力学微分方程为

$$\begin{cases}\dfrac{\mathrm{d}S(t)}{\mathrm{d}t}=-\alpha S(t)I(t)\\ \dfrac{\mathrm{d}B(t)}{\mathrm{d}t}=-\alpha S(t)I(t)-\beta E(t)\\ \dfrac{\mathrm{d}I(t)}{\mathrm{d}t}=\beta E(t)-\gamma I(t)\\ \dfrac{\mathrm{d}R(t)}{\mathrm{d}t}=\gamma I(t)\end{cases} \tag{4.5}$$

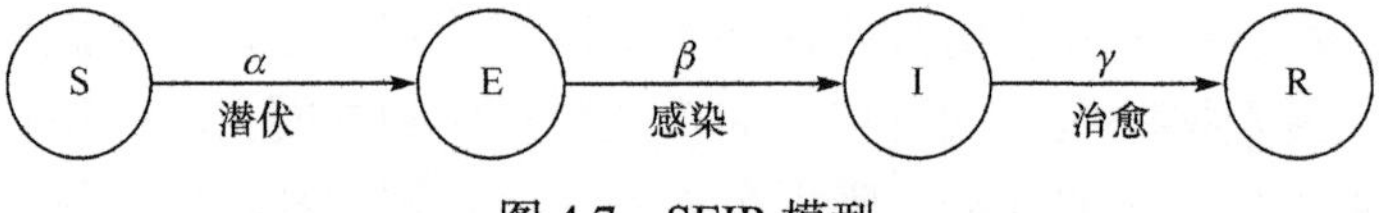

图 4.7　SEIR 模型

其中，$S(t)$表示在 t 时刻易感者在网络中所占比例；$E(t)$表示在 t 时刻潜伏者在网络中所占比例；$I(t)$表示在 t 时刻染病者在网络中所占比例；$R(t)$表示在 t 时刻移出者在网络中所占比例；$S(t)+E(t)+I(t)+R(t)=1$。虽然 SEIR 模型在早期信息传播规律研究中被广泛应用，但是随着技术发展的进步和社交网络平台复杂度的增加，用户、信息、传播环境、其他外界因素等都会对信息的传播产生影响，SEIR 模型已经不能准确地对信息传播进行描述。在现实微博信息传播过程中，用户在接收到信息后，并不一定会以某种概率转变为潜伏者，有可能直接转化为免疫者，直接拒绝信息的传播，而潜伏者亦是如此；与此同时，话题式信息由于具有衍生特性，

极有可能会诱发信息二次传播。因此，综合考虑上述情况，构建一种计及话题二次传播的 H-SEIR 微博信息传播模型。

(1) 计及话题二级传播的 SEIR 模型构建依据与状态划分。

微博网络中信息传播的主体主要由传播者、信息和接收者构成，在信息传播过程中，通常将传播者和接收者看成一个节点，当微博网络中产生一条新的话题时，网络所有的节点用户有一定的概率能够浏览到此信息，用户可以根据信息类型、属性等特征选择是否对该条信息进行传播。随着时间的推移，信息逐渐失去传播价值，用户对该话题最终会失去兴趣，不再会有任何的传播行为。因此，基于 SEIR 信息传播模型，综合考虑微博信息传播流程，将微博网络中的节点划分为以下四种形态。

① S 态：易感染节点，指在微博网络中已具备获取信息的渠道和能力，能够浏览到对信息的节点用户。

② E 态：潜在节点，指在微博网络中已对信息进行浏览和仔细阅读，但还未做决定是否进行传播，还处于一种无认知状态的节点用户。

③ I 态：传播节点，指微博网络中经过综合考虑，决定对信息执行传播行为的节点用户。

④ R 态：免疫节点，指在微博网络中无论是经过考虑后拒绝传播或是最初就对信息拒绝阅读、传播，还是受其他外在因素的影响等一切拒绝对信息进行传播的节点用户。

(2) 计及话题二级传播的 H-SEIR 模型及其微分动力学方程构建。

在微博网络信息的传播过程中，每个节点状态会随着话题事件信息的发布、传播发生转变，从而对传播过程以及微博网络结构带来一定的影响。由于微博网络内用户关注、好友分类等设置，当一条话题信息流入网络内，并非所有节点都能够实时获取该条信息并转变为易感染节点 S。此外，由于话题式信息具有衍生性这一特点，所以不断会有新的消息涌出，这大大增加了话题信息被再次浏览、阅读以及传播的概率。因此通过对微博网络内话题式信息传播过程中节点的演化规律进行分析，基于 SEIR 信息传播模型，构建改良的微博话题式信息传播 H-SEIR 模型(图 4.8)有两个基本假设条件：①网络内用户节点总数固定，节点无增加或删减情况，即整个网络看成一种静态网络；②网络内各类节点密度均服从泊松分布。H-SEIR 模型具体传播过程如下。

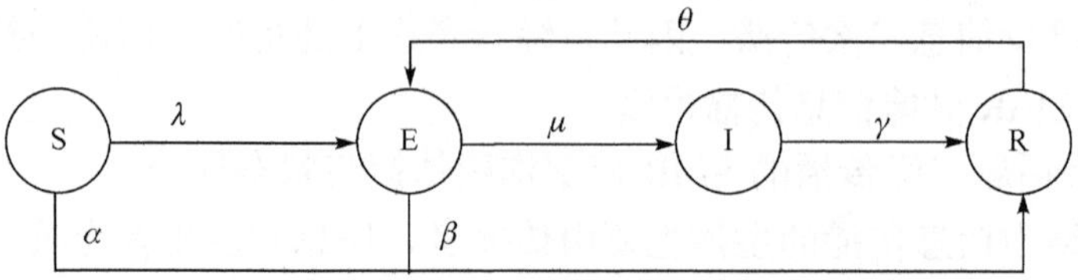

图 4.8　H-SEIR 模型

① 当信息流入微博网络时,具有获取信息条件的节点用户会转变为易感染节点 S。

② 已获取信息的 S 态节点根据自己的喜好、信息内容等选择对这条信息进行详细浏览从而转变为潜在节点 E，因此，有λ概率的 S 态节点会转变为 E 态，此时的节点用户处于无认知状态；与此同时，有 α 概率的 S 态节点直接转变为 R 态。

③ 潜在节点 E 在对信息进行阅读后综合考虑选择是否对信息实施传播行为，因此有 μ 概率的 E 态节点会选择对信息实施传播行为从而转变为 I 态；与此同时有 β 概率的 E 态节点会选择直接转变为 R 态。

④ 传播节点 I 在实施传播行为后，可选择直接转变为 R 态，因此，有γ概率的 I 态节点会直接转变为 R 态。

⑤ 由于话题式传播具有衍生性,话题会产生新的信息以不同的形式流入微博网络中, 所以已经成为免疫节点 R 的用户可能会浏览到该话题的最新消息从而转变为潜在节点 E，设有θ概率的 R 态节点将再次转变为 E 态。

大量研究表明节点密度能够充分反映微博信息传播过程中的状态，因此，基于系统动力学理论，对改良的微博话题式信息传播 H-SEIR 模型构建动力学微分方程为

$$\begin{cases} \dfrac{\mathrm{d}S(t)}{\mathrm{d}t} = -\lambda S(t)I(t) - \alpha S(t)I(t) \\ \dfrac{\mathrm{d}B(t)}{\mathrm{d}t} = -\lambda S(t)I(t) - \mu E(t) - \beta E(t) + \theta R(t) \\ \dfrac{\mathrm{d}I(t)}{\mathrm{d}t} = \mu E(t) - \gamma I(t) \\ \dfrac{\mathrm{d}R(t)}{\mathrm{d}t} = \alpha S(t)I(t) + \beta E(t) + \gamma I(t) - \theta R(t) \end{cases} \tag{4.6}$$

其中，$S(t)$表示易感染节点密度，$E(t)$表示潜在节点密度，$I(t)$表示感染节点密度，$R(t)$表示免疫节点密度，$S(t)+E(t)+I(t)+R(t)=1$；λ、μ、α、β、θ表示各节点之间转化的概率，$0 \leqslant \lambda, \mu, \alpha, \beta, \theta \leqslant 1$。与 SEIR 模型相比较，H-SEIR 模型不仅融入了 S 态节点和 E 态节点直接转变为 R 态节点的情况，而且综合考虑了话题式信息传

播的衍生特性对免疫节点带来的影响以及节点状态的改变。可以看出，H-SEIR 模型比 SEIR 模型更加完善，与现实微博网络中的信息传播过程更加吻合。

4.2.3　H-SEIR 模型仿真分析与微博信息控制策略选取

(1) 典型事件选取与模型验证。

利用 MATLAB 2014a 对 H-SEIR 模型进行仿真，运用网络爬虫工具对“北大学子在美失联”话题 2017 年 6 月 12 日～2017 年 6 月 21 日传播数据进行抓取。微博用户的节点基数较大，因此将实际数据比例缩小，将该事件实际传播数据与仿真数据进行对比，结果如图 4.9 所示。可以看出，仿真数据与真实数据的曲线大致相同，但是真实数据与仿真数据之间还是存在一定的误差。为能够准确地验证 H-SEIR 模型可行性，对真实数据和仿真数据进行平均相对误差计算，误差越小，曲线拟合度越高，实用性和有效性越大；误差越大，则反之。

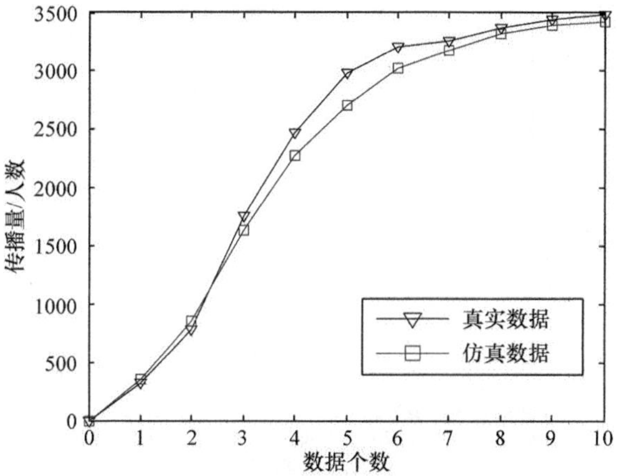

图 4.9　典型事件传播真实数据与仿真数据对比图

验证 H-SEIR 模型可行性所使用公式为

$$\mathrm{MRE}=\frac{1}{T}\sum_{i=1}^{T}\left|\frac{V_i-V_i'}{V_i}\right|\times 100 \tag{4.7}$$

其中，MRE 表示平均相对误差；T 表示数据个数；V_i 表示真实数据值；V_i' 表示仿真数据值。截取与真实数据相对应的十个点进行计算，最终计算结果 MRE=4.9224% ，即真实数据与仿真数据的拟合度高达 95.0776%，拟合度较高，说明 H-SEIR 模型能够反映出实际微博话题信息的传播规律，具有可行性和有效性。

(2) H-SEIR 与 SEIR 模型的功能性对比分析。

通过对“北大学子在美失联”话题传播动态的跟踪记录如下：6 月 11 日创建

话题，当天转发量为 879，关注度较小、传播量较少；6 月 12 日上午许多大 V 用户转发此话题，虽然扩大了用户的浏览量，但是在评论区出现了许多质疑的声音，因此并没有得到较多的转发量；6 月 13 日更新话题信息：所乘汽车或成破案关键、校友正破解手机等，该话题在网络中经过两天的时间后，事件被多方证实及关注，转发量大幅增加；6 月 14 日此话题出现在微博热搜排行榜第一位，转发量暴增；然而在 6 月 15 日之后转发量呈逐渐下降趋势。从该话题事件的传播过程可以看出，在现实微博网络中，话题信息在最初进入网络时，通常用户处于无认知状态，拒绝信息传播，所以此时免疫节点数量呈逐渐上升趋势；当话题的更新信息受到关注，免疫节点受到外界环境的影响，重新对话题相关信息进行浏览和传播，免疫节点密度将会迅速下降；而当信息的传播热点逐渐退去，免疫节点密度则会再次上升，最终网络趋于稳态。通过对 SEIR 模型和 H-SEIR 模型进行模拟仿真，免疫节点密度曲线如图 4.10 所示。

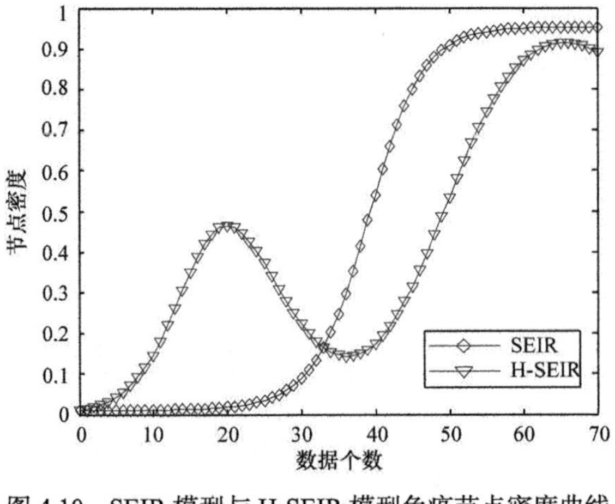

图 4.10　SEIR 模型与 H-SEIR 模型免疫节点密度曲线

可以看出，SEIR 模型曲线总体呈现上升的趋势，在 $T≈22$ 时，上升速度逐渐加快；当 $T≈50$ 时，节点密度逐渐趋向一个稳定值。而在 H-SEIR 模型曲线中，当 $T≈20$ 时，曲线首先达到一个峰值，然后由于某些外界因素的影响，在接下来的一段时间内出现了回落的走势；在 $T≈38$ 时，达到谷值后曲线逐渐上升直至趋近一个稳定值。可以看出 H-SEIR 曲线的变化趋势主要原因是综合考虑了话题式信息衍生特性，即网络中流入了更新话题状态的新消息，令已经成为免疫节点的用户再次获取到该话题信息，从而执行传播转发行为。

通过将现实的传播过程与 SEIR、H-SEIR 模型曲线进行对比，H-SEIR 模型明显更加适用于微博网络中话题式信息的传播过程。所以在此基础上，对 H-SEIR 模型的参数进行分析，旨在找出微博话题式信息的传播规律。

(3) H-SEIR 模型参数调整与微博信息传播控制。

在微博网络话题式信息传播过程中，易感染节点密度在整体上呈现出下降趋势；免疫节点密度会随着信息衍生性的强度发生变化，当信息初始状态关注量小但衍生性强度较大时，免疫节点密度呈现上升的趋势，随即在出现阶段性回落的走势后继续上升，最终达到最高点；若衍生强度较小，则会在总体上呈现上升的趋势；潜在节点密度和传播节点密度的总体走势十分接近，随着时间的推移，首先以某个速率上升达到一个峰值，然后逐渐下降至 0 点，回到初始状态。当微博网络信息传播过程中传播节点回归初始状态或免疫节点密度趋于一个稳定值时，网络达到稳态。

① 参数 λ 控制对节点密度的影响分析。λ 表示微博网络内具有获取信息条件的易感染节点 S 在浏览该信息后，成为潜在节点 E 的概率。图 4.11 给出了在 α=0.3、μ=0.5、β=0.3、γ=0.2、θ=0.5 的情况下，当 λ=0.2、0.5 和 0.8 时的网络内传播节点和免疫节点的密度曲线。从图 4.11(a)可以看出，λ 值越大，曲线上升速率越快，到达峰值的时间越早，峰值越高。这说明微博网络内浏览到该条信息后转化为潜在节点的用户越多，信息传播的速率越快，传播度越广。在现实微博网络信息传播过程中，用户是否能够在浏览信息后进一步关注，信息发布者以及转发者在其中发挥了重要的作用。虽然每个用户会有许多关注对象，但是对每个博主发布消息的关注程度却大不相同。信息发布者的历史动态、发布信息类别、内容等决定了其信任度和被关注度，因此，信息发布者的口碑、用户类别等在信息传播过程中的影响不可忽视。

如图 4.11(b)所示，当 λ=0.5 和 0.8 时，两条曲线几乎重叠，说明当 λ 值达到某一个临界值后，λ 值的变化对网络内信息传播的影响可以忽略不计。然而当 λ=0.2 时的免疫节点密度曲线的走势却大不相同，首先会出现一个小波峰，然后经过一个下降走势后再次上升至波峰，说明当话题最初进入网络时，由于信息的话题度较低，关注度小，传播量较低，大量用户直接转变成为免疫用户。然而当该话题传播价值较高的信息流入网络，引发了话题的衍生特性，从而令大量免疫节点用户再次浏览到该话题的全部信息，进而执行传播行为，提升话题在网络内的传播量。所以，微博话题式信息传播的衍生性能够让原本浏览概率小、被传播概率小、会以较快的速度达到网络稳态的话题信息重新获取新的传播价值，话题相关新信息的涌入给原本毫无传播价值的信息赋予传播意义，增加传播量。而现实微博网络中，用户在发表信息时往往会添加话题式标识“#话题#”，并且用户通常对带有话题式标识的信息的兴趣度更高，即使不是第一时间获取最初的话题信息，但衍生信息的作用，带动了整个话题的传播量。

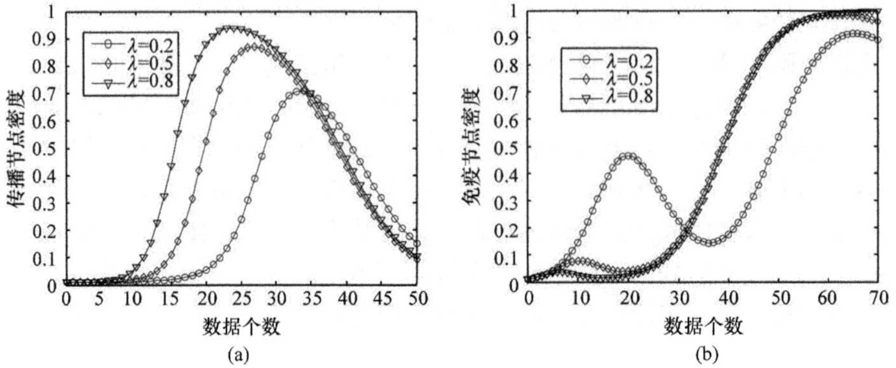

图 4.11　不同λ值时传播节点密度曲线和免疫节点密度曲线

② 参数 α 控制对节点密度的影响分析。α 表示微博网络内的节点能够获取到微博信息，但并不会进行详细阅读，直接拒绝传播，转变为免疫节点的概率。图 4.12 给出了在 λ=0.3、μ=0.5、β=0.3、γ=0.2、θ=0.2 的情况下，当 α=0.2、0.4 和 0.6 时的网络内免疫节点密度曲线。可以看出，α 值越大，曲线上升越快，网络到达稳态的时间越短，说明随着 α 的增大，网络内除免疫节点外的其他节点占比越小，信息传播价值越小，信息有效传播时间越短，信息传播量越小。

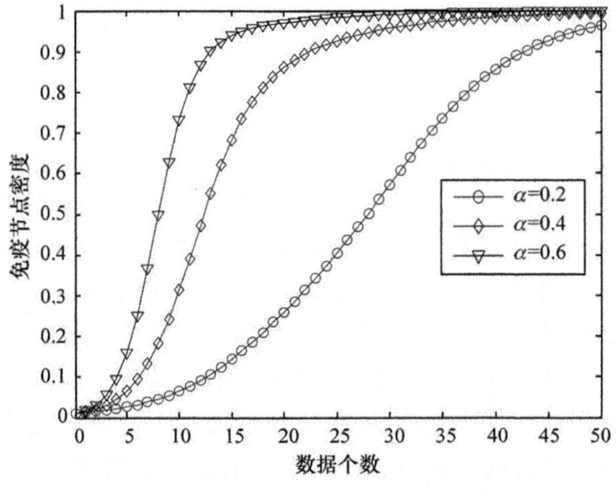

图 4.12　不同α值时免疫节点密度曲线

因此，所发布信息的标题、格式、形式、类别等直观内容对微博信息的传播具有很大的影响，它决定了这条信息是否能够吸引用户的眼球，从而减小用户在浏览后直接拒绝传播的概率，增加信息被用户仔细阅读的概率，间接性为提高信息的传播量做出贡献。与此同时，对于谣言类信息传播，用户应在此阶段提高对真假信息的辨别能力，增加拒绝传播的概率，有效控制谣言信息的传播扩散。

③ 参数 μ 控制对节点密度的影响分析。μ 表示微博网络内的潜在节点执行信息传播行为转变为传播节点的概率。图 4.13 给出了在 λ=0.7、α=0.3、β=0.3、γ=0.2 的情况下，当 μ=0.3、0.5 和 0.7 以及 θ=0.2 和 0.5 时的网络内免疫节点密度曲线。从图 4.13(a)中可以看出，当信息的衍生性强度较小时，三条曲线的总体走势以及节点密度最终达到峰值的时间都非常接近，说明 μ 的变化对于信息在网络内停留时间的长短、传播的深度和广度没有较为明显的影响。从图 4.13(b)中可以看出，当信息的衍生性作用较大时，三条曲线呈平行趋势上升，μ 越小，免疫节点密度上升的时间越晚，但是曲线到达峰值的时间却相差甚微，说明虽然 μ 的变化对免疫节点大幅度增加的时间有所延缓，但是对于微博信息传播量以及有效传播时间却没有较大影响。综上所述，无论话题信息是否具有衍生性，μ 对传播广度和传播量的影响都较小。所以，当用户成为潜在节点对信息进行详细浏览时，信息内容的撰写质量对用户是否实施传播没有较大影响。

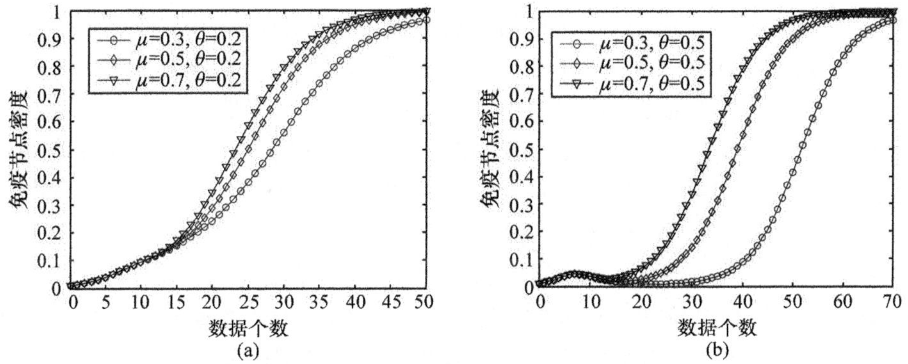

图 4.13　不同 μ 值时免疫节点密度曲线

④ 参数 β 控制对节点密度的影响分析。β 表示微博网络内的潜在节点在浏览完信息后，认为该条信息不具有传播价值从而未对其进行传播，直接转变为免疫节点的概率。图 4.14 给出了在 λ=0.7、α=0.3、μ=0.3、γ=0.2、θ=0.5 的情况下，当 β=0.3、0.5 和 0.7 时的网络内传播节点密度曲线。可以看出，β 越小，曲线峰值越高，传播有效时间越长，微博网络达到稳态时间越晚，说明即使设置此条信息具有一定的衍生性(θ=0.5)，用户若对信息没有产生任何兴趣，将会大大降低传播节点密度，严重影响信息的传播量。当 β=0.7 时，传播节点密度曲线的最高点才勉强达到 0.1，而当 β=0.3 时，传播节点密度峰值则大于 0.9，可见传播量的差距非常大。因此在现实微博网络的信息传播过程中，应着重考虑用户的兴趣点，特别是在制定微博营销策略时，应针对推广用户群体的兴趣方向编辑信息，从而提高信息的传播量。

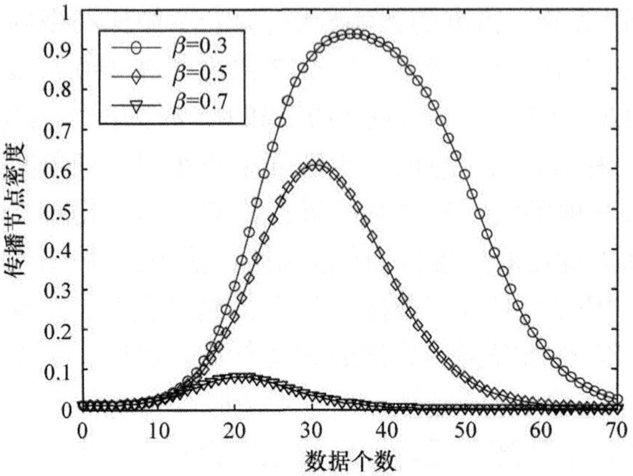

图 4.14 不同β值时传播节点密度曲线

⑤ 参数 θ 控制对节点密度的影响分析。θ 表示当话题出现新的动态时，已经成为免疫节点的用户在浏览到该条信息后再次转变为潜在节点的概率。图 4.15 给出了在 λ=0.7、α=0.3、μ=0.5、β=0.3、γ=0.2 的情况下，当 θ=0.2、0.5 和 0.8 时的网络内传播节点密度曲线。可以看出，三条曲线上升至峰值的速率非常接近，然后以不同的速率逐渐回落至 0 点。θ 值越大，曲线峰值越高，停留在峰值的时间越长，节点回到初始状态的时间越晚，说明传播量越高，网络达到稳态的时间越晚，信息在网络内的有效传播时间越长，信息在网络内的影响越大。所以，在微博网络信息传播的过程中，话题信息的衍生性越强，信息的传播深度、广度越高，传播量越大，影响力越高。在现实网络中，重要信息的传播通常会运用话题式信息的传播方式，加强信息的衍生强度，延长信息的传播时间，增大信息的传播量和影响力。这也是话题式传播在微博网络内的重要存在价值。

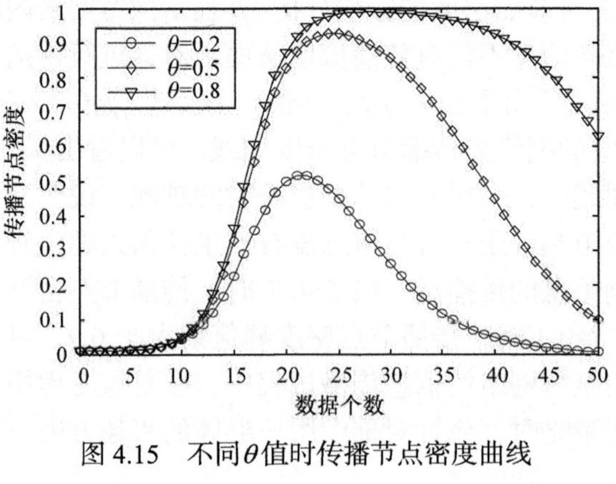

图 4.15 不同θ值时传播节点密度曲线

4.3　基于信息生态的微博信息传播管理模型及运行机理分析

微博信息传播系统在信息生态系统中起核心枢纽作用，微博信息传播方式的研究与管理是治理微博舆情传播的关键和重点领域。本书在对微博信息传播生态系统进行详细剖析的基础上,重构了微博信息生态系统各个角色之间的内部关联，阐述了微博信息传播运行机理，揭示了微博信息传播生态链演化的原因是用户的多角色性，指出这种多角色之间的转化正是微博信息传播混沌性的根源。

4.3.1　微博信息传播生态系统机理分析

信息生态系统通常由信息、信息载体以及内外部环境构成，其中信息载体包括信息生产者、组织者、传播者、消费者以及分解者。本书基于现有信息生态理论研究成果，以微博平台为研究对象，认为构成微博信息传播生态系统的关键要素有微博用户、信息、传播路径以及影响信息传播效果的内外部环境。

(1) 微博用户角色。

根据用户在微博信息传播生态系统中担任角色的不同，基于信息生态理论可将微博用户角色分为微博信息生产者、组织者、传播者、消费者和分解者。信息生产者是微博信息传播生态系统的起始点，该职能由发布博文的用户所承担。其中，官方政务微博、名人或流行媒体通常为认证用户，而商业微博用户或广大网民则是非认证用户。信息组织者主要负责微博话题的创建和扩散，一般使用“#话题#”的格式创立话题供用户间讨论。在话题组织过程中，博文内容获得精简和重构，同时更便于用户之间交流互动。信息传播者是微博信息传播生态系统中最为常见的角色，任何微博平台内的用户均可以借助病毒式传播达到信息迅速扩展的目的，此外微博运营方也能够通过信息传播进行商务宣传。值得强调的是，各用户在传播信息的同时也完成了信息消费行为。信息消费者尤指接收博文并进行二次传播的用户，微博消费行为主要包括浏览、点赞、转发和评论等。信息分解者通常为专业组织或人员，其主要职能是过滤并加工无用、有害的垃圾资源，对微博信息进行规范化处理，保证微博信息传播生态系统的动态平衡。

(2) 微博信息。

微博信息是指用户发布的博文，其内容表现形式一般是文字、图像、视频、音频和动态表情等。微博短文本形式的属性极大提升了信息传播的效率，并因此深受网民、媒体和官方机构的青睐，成为时下使用率最高的社交平台之一。目前已出现了长微博文本，其主要借助平台将文本内容转换为图片，实现长微博文本的发布。

(3) 微博信息传播路径。

微博信息传播的核心是信息在各用户节点之间的流动，而用户角色在此过程中处于动态变换的状态，微博信息传播路径便是用户职能转换的依据。本书通过对微博信息传播生态系统里扮演各个生态角色的用户之间信息传递关系的分析之后，认为微博信息传播过程中总共有七条路径，具体如图 4.16 所示。

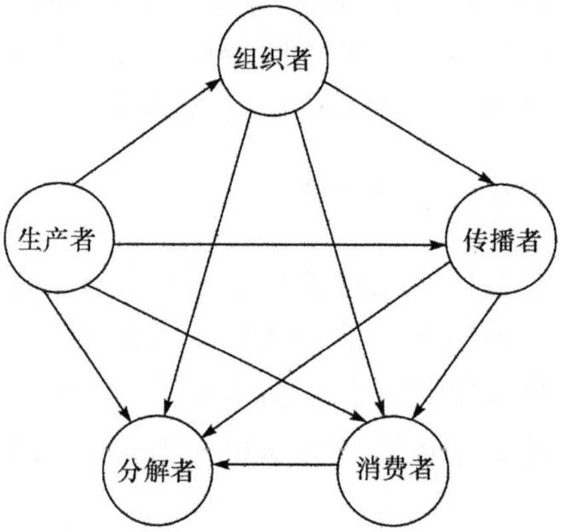

图 4.16　微博信息传播路径

① 微博信息生产者→组织者→传播者→消费者→分解者。该路径是整个微博信息传播生态系统所有链路中最为完整且距离最长的路径。信息自生产者发布后，经由组织者组织话题、信息传播者传递博文信息给其他用户，用户再通过转发、评论等消费行为完成微博信息的价值实现，最终通过分解者处理结束信息生命周期。

② 微博信息生产者→传播者→消费者→分解者。通常在微博信息经由扮演生产者的用户发布之后，某些时候并未经过组织者的话题组织这一步骤。在这种情况下，信息由用户发出后，经过用户的传递与消费，最终会被分解。在这条链路中，传播用户和消费用户并无绝对界定，二者职能相似。

③ 微博信息生产者→消费者→分解者。博文信息发出后，用户即可完成信息的浏览、评论或转发，最终信息被分解。整个过程中并无传播者角色的出现，而消费者信息消费的同时也实现了微博信息传递，在一定程度上完成传播用户的职能。

④ 微博信息生产者→分解者。微博用户发出信息后，在短时间内可能自行撤回或删除所发博文，此时的信息直接被分解。在这条路径中，生产者始发博文信息的同时即完成了信息的分解。

⑤ 微博信息生产者→组织者→分解者。在路径④中，用户始发微博后，经由其他用户或自身博文话题的组织后即被分解，此时生产者可能也同时扮演着组织者与分解者的角色。

⑥ 微博信息生产者→组织者→消费者→分解者。在路径⑤中，信息经生产者始发、组织者话题组织后，用户即可完成信息浏览、转发或评论，最终信息被分解。在整个路径中，生产者可能同时承担组织话题与分解信息任务，且消费者也承担传递博文的任务。

⑦ 微博信息生产者→传播者→分解者。这条链路中，用户始发博文之后，传播用户通过转发传递博文，最终博文被通过各种方式分解。传播者在转发博文同时也达到消费目标，完成消费任务。

(4) 微博信息传播环境。

微博发布后的实际传递过程中受到了诸多因素的影响，这些因素一定程度上会改变传递效率或终止传递过程，主要有外部环境因素和内部影响因素两个方面，如图 4.17 所示。

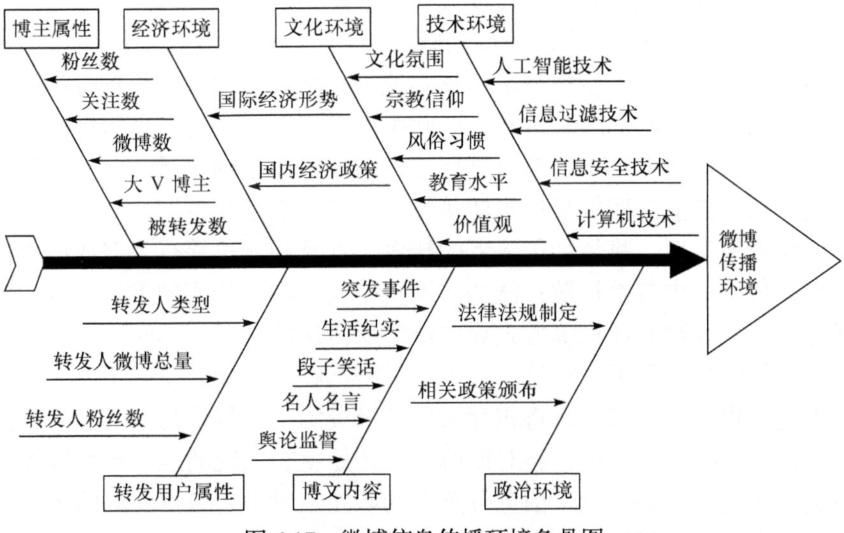

图 4.17　微博信息传播环境鱼骨图

外部环境因素。微博在传播过程中首当其冲受到的是外部环境的影响与冲击，外部环境包括以下内容：①技术环境。博主在发博过程中，受限于计算机开发、信息安全、信息过滤、人工智能等技术，微博发布的速率受到影响，主要显现于信息技术更新与新技术应用两个方面。②文化环境。微博信息在传播时主要可能受到的文化环境方面作用要素包括：大众价值观、教育水平、风俗习惯、宗教信仰、文化氛围，文化环境的影响尤为体现在网民微博的评论、转发及言论等方面，反映的是一个国家或地区网民的素质与文化水平。③经济环境。经济政策影响体现在国内相关政策颁布和国际经济局势动荡两个方面，国家相关经济政策的颁布与实施在一定程度上会对相关网民的信息消费、微博的传播产生影响，同时宏观层面国际经济局势的变化对于网民的言论、行为甚至信息传播力与速率都会造成相应的影响。④政治环境。政治环境包括网络信息法律法规的制定和相关政策的颁布，网络信息法律法规的颁布会规范各种微博用户角色言论的发布和相关网络行为。

内部影响因素。微博信息的传播过程受到的内部影响因素众多，主要包括：①微博内容。微博信息的形式一般包括新闻、日常感言、经典语录、信息推送、段子、笑话等类型，不同类型用户对于内容感兴趣程度相异，从而产生信息价值也不一样，而生产者所发布博文内容质量也对其有一定程度的作用。②博主属性。所谓博主属性指其粉丝数量、关注数量、所发博文数量、是否为大 V 博主、博文被转发数量，这些属性一定程度上反映了博主舆论影响力。③转发用户属性。微博的传播不仅受到始发博主属性的影响，还受到转发用户属性的影响，包括转发用户的类型、转发人微博总量、转发人粉丝数。

(5) 微博信息传播生态系统运行机理。

微博信息生产者处于生态系统中核心地位，其发布的有害信息将污染信息生态环境，影响整个系统的顺利运转，因此生产者将直接决定信息传播的效果；信息组织者负责对生产者发布的信息进行二次加工，通过创建话题来吸引用户的讨论与消费；信息传播的职能是担当链接作用，负责信息在各用户节点间流动。信息经由组织者加工后，将借助传播者的转发、点赞和评论等行为完成信息传播，完成信息在各路径内有效扩散；微博的消费是实现信息价值的重要步骤，信息消费者通过浏览、收藏和评论等方式获取博文所传达的含义，尽管这期间并未存在物质交换，但信息消费者进行消费行为的过程已经使运营商获得了巨大的经济利益；在上述过程中，微博平台将积存大量垃圾资源、广告信息和冗余文件，这些有害数据长期留存在网络中，会对微博信息传播生态系统的运作产生极大压力，同时也会直接危害网络安全。信息分解者的职能是对平台数据库内的无价值信息进行分解、剔除，保障整个生态系统绿色、健康的发展。

(6) 微博信息传播生态系统演化机理。

微博信息传播生态系统实现动态平衡的根本动力是消费者的信息需求，随着互联网、移动端近年来的迅速发展，微博平台的用户不再局限于某一特定群体，其扮演角色的职能划分标准也逐渐模糊，用户可以同时担当多个角色且不会出现冲突。基于此，传统的信息传播路径将发生变化，用户的多角色兼任性成为了微博信息传播生态系统演化的直接驱动力。

随着 Folksonomy 技术的完善与普及，微博话题组织能够挖掘出更深层的价值，信息组织者不再依赖于专业人员，用户可以直接发布博文后发起话题讨论。微博信息传播生态系统运行及演化机理如图 4.18 所示。当微博用户发布的信息并未经信息组织加速传播时，信息传播路径由路径①转换为路径②。博文经过话题组织后，传播者就承担其“桥梁”作用，而用户在传递信息的同时也进行着信息消费行为，兼任信息消费者角色，此时的传播路径①转换为路径⑥，若此微博信息未引入话题，则路径②转换为路径⑦和③。信息生产、组织和传播最终目标都为了信息消费，而微博信息的个性化推荐就是为了促进微博信息消费者信息的消费，这一阶段是整个微博信息传播生态系统的最重要节点，组织者完成了信息传播前期的全部工作，此时的路径⑥转化为路径⑤。微博信息分解者扮演着极其重

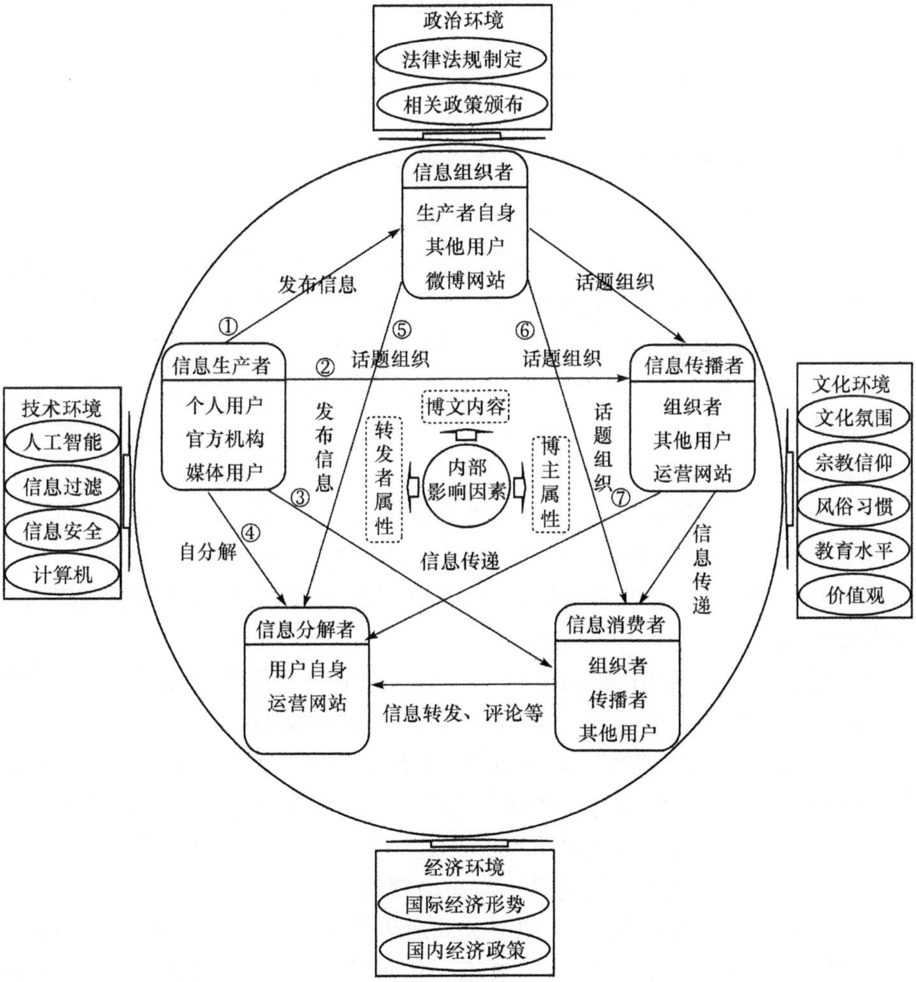

图 4.18　微博信息传播生态系统运行及演化机理示意图

要的分解与转化角色，某些情况下始发微博信息的生产者会快速删除自己所发博文或微博运营商由于博主所发博文内容不适当而将其删除，此行为即实现了信息的分解，信息未发出或发出未传播即已消亡，此时传播路径为路径④，即传播链路中只存在生产者与分解者角色。

上述微博信息传播的演化过程中，微博信息用户扮演的角色都在频繁地进行转换，微博信息分解者又可作为下一循环的生产者，生产者自身也可扮演组织者角色，而传播者用户也可实现话题的组织，组织与传播过程也伴随着信息消费行为，而生产者也具备自分解功能，扮演分解者角色。整个生态系统在动态循环直至最后的稳定还受到相应环境因素的影响，网络技术的改进、相关政策的颁布、经济形势的变化、文化氛围是否浓厚等外部环境都会促进或减缓微博信息的传递速率，博主自身的粉丝数、转发用户的粉丝数、微博信息的质量及内容等内部因素都在引导着生态系统的信息流速，最终将达到动态稳定、有序与均衡。

4.3.2 信息生态视角下的微博信息传播实证分析

(1) 实证数据及微博信息用户角色的选取。

本节选取的里约奥运会中国女排夺冠信息传播的实证数据博主为中国新闻网，其粉丝数高达 3300 万，收集数据截止到 2017 年 11 月 8 日，中国新闻网题为“时隔 12 年，中国女排再夺奥运冠军!”的博文共转发 4757 次，评论 1284 次，点赞 5922 次，所发微博信息舆论爆发力强，具有实际分析的典型意义。考虑到评论用户与点赞用户本质上属于信息消费者，下面的分析数据都是指转发次数。通过八爪鱼采集此条微博的转发传播数据，剔除数据中的坏数据(一般定义同一用户多次转发同一条博文的数据为坏数据)和重复数据后，参与博文“时隔 12 年，中国女排再夺奥运冠军!”微博用户节点总数为 4517 个，其中一级传播节点 4174 个，二级传播节点 267 个，三级传播节点共 70 个，里约奥运会女排夺冠信息传播路径数共计 4357 条。

通过对上述收集到的传播数据整理分析，选取整个传播生态系统的多条传播线路中的一条做具体分析，即“中国新闻网→V 影响力榜→微博名人→没道理的偏爱”。具体来说，选取博文的始发用户“中国新闻网”为微博信息传播生态系统的信息生产者。通过对大量博文数据的分析，发现博文信息组织者角色由大 V 用户扮演，大 V 用户在始发微博的同时会创建新的话题以引发其他用户的讨论。因此选取博文始发用户“中国新闻网”作为微博信息组织者，其在发布题为“时隔 12 年，中国女排再夺奥运冠军！”博文的同时创建了“#里约奥运加油#”话题，此话题阅读数达 27.5 亿，讨论数达 55.8 万，粉丝数 1581 个。同时，通过对传播数据分析，依据上述信息传播者及其他角色的定义，选取“V 影响力榜”作为传播者，选取“微博名人”作为消费者，选取终端节点用户“没道理的偏爱”作为信息分解者，如表 4.1 所示。

表 4.1　微博生态系统用户角色选取结果

微博生态系统信息角色	所选用户
信息生产者/信息组织者	中国新闻网
信息传播者	V 影响力榜
信息消费者	微博名人
信息分解者	没道理的偏爱

(2) 微博用户角色生态性分析。

通过上述对于里约奥运会中国女排夺冠传播数据的收集，利用社会网络分析工具 Ucinet 对上述数据进行可视化分析，得到里约奥运会中国女排夺冠信息传播可视化结构图如图 4.19 所示，图中圆形表示的是各个微博用户，箭头表示信息的传播方向。不难看出，女排夺冠信息的传播经信息生产者与组织者“中国新闻网”发布后，通过传播、消费、分解之后，形成里约奥运会女排夺冠信息传播的生态系统，呈现出爆发式的病毒传播形式。

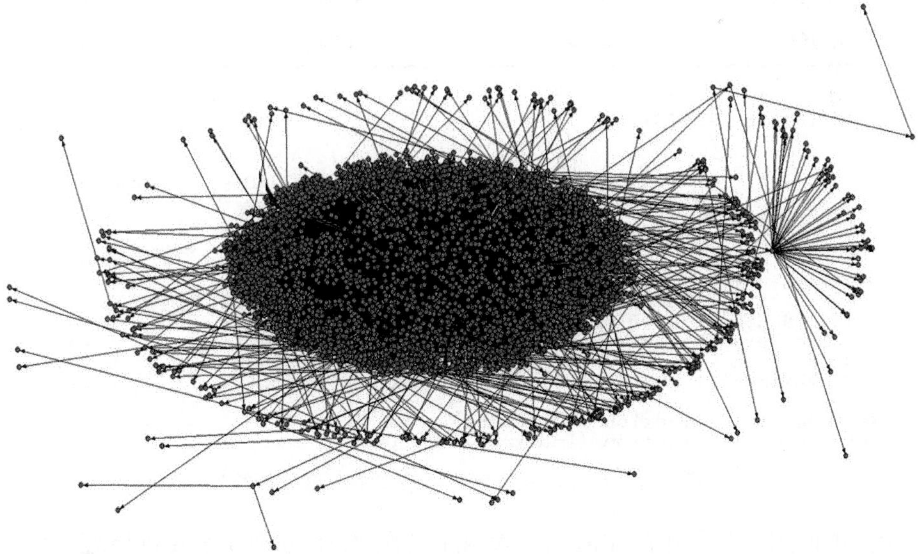

图 4.19　女排夺冠信息传播可视化结构图

① 微博用户角色节点中心度。女排夺冠信息传播节点中心度分析结果如图 4.20 所示。各个信息人的具体分析结果如表 4.2 所示。此传播网络用户节点中

心度的最大出度为 4517，最大入度为 1，最小的出度和入度都为 0，平均值为 1，出入度的标准差分别为 62.096 和 0.015，可以看出出度的波动幅度较大，说明整个传播网络中各个节点出度相差较大，稳定性比较差。同时，整个传播网络生态系统的中心势为 92.405%，进一步体现出此传播生态系统的核心边缘区别明显，整个传播网络生态系统的集中趋势明显。具体来看，作为此传播生态系统的信息生产者和组织者，“中国新闻网”用户节点的出入度分别为 4174 和 0，即与其直接相连的用户数量高达 4174，说明“中国新闻网”作为信息的生产者和组织者在整个网络中占据着核心地位，其控制着其他节点的信息传播。同时，信息传播者和消费者的节点出度分别为 7 和 41，而入度均为 1，证明在整个网络生态系统中传播者和消费者仅仅扮演着信息中转站的作用，二者角色职能相同，在传播的同时实现了信息的消费。而信息分解者的出入度分别为 0 和 1，表明其位于整个网络生态系统的边缘，只能被动接收信息。

表 4.2　女排夺冠生态系统信息人节点中心度分析结果

微博生态系统信息角色	用户节点	出度	入度
信息生产者/信息组织者	中国新闻网	4174.000	0.000
信息传播者	V 影响力榜	7.000	1.000
信息消费者	微博名人	41.000	1.000
信息分解者	没道理的偏爱	0.000	1.000

```
DESCRIPTIVE STATISTICS

                          1             2             3             4
                  OutDegree      InDegree     NrmOutDeg      NrmInDeg
               ------------  ------------  ------------  ------------
 1      Mean          1.000         1.000         0.022         0.022
 2   Std Dev         62.096         0.015         1.375         0.000
 3       Sum       4517.000      4517.000       100.000       100.000
 4  Variance       3855.883         0.000         1.890         0.000
 5       SSQ   17425392.000      4517.000      8540.482         2.214
 6     MCSSQ   17420876.000         1.000      8538.269         0.000
 7  Euc Norm       4174.374        67.209        92.415         1.488
 8   Minimum          0.000         0.000         0.000         0.000
 9   Maximum       4174.000         1.000        92.406         0.022

Network Centralization (Outdegree) = 92.405%
Network Centralization (Indegree) = 0.000%
```

图 4.20　女排夺冠信息传播节点中心度分析结果

② 微博用户角色中间中心度。表 4.3 与图 4.21 分别显示女排夺冠信息传播生态系统网络中间中心度分析结果，节点中间中心度最大值为 82，最小值为 0，总和为 517。中间中心度超过 10 的节点仅仅只有 10 个，这些节点一定程度上控制着其他点信息的传播力与获取力。而整个网络的中间中心势为 0，说明整个网络生态系统所有节点都没有自主获取信息的能力，必须依靠其他节点实现信息的

获取和传播。具体来看，“中国新闻网”的中间中心度值为 0，说明整个生态系统中生产者和组织者作为信息的发出者，其信息的获取与控制能力不强，其只起到信息发布的作用。而“V 影响力榜”和“微博名人”中间中心度值为 48 和 82，分别占所有节点中间中心度总和的 9.2%和 15.9%，与其他所有节点相比，数值较大，说明作为整个生态系统的传播者和消费者，其对于信息的控制和获取能力较强，起到信息中转和消费的作用，职能大致相同。节点“没道理的偏爱”中间中心度的值为 0，充分说明信息分解者位于传播网络的末端，其信息的发布与收集力极弱，只能被动地接收并分解处理信息。

表 4.3　女排夺冠生态系统信息人中间中心度分析结果

微博生态系统信息角色	用户节点	Betweenness	nBetweenness
信息生产者/信息组织者	中国新闻网	0.000	0.000
信息传播者	V 影响力榜	48.000	0.000
信息消费者	微博名人	82.000	0.000
信息分解者	没道理的偏爱	0.000	0.000

```
DESCRIPTIVE STATISTICS FOR EACH MEASURE

                              1            2
                    Betweenness nBetweenness
                   ------------ ------------
  1        Mean           0.114        0.000
  2     Std Dev           1.572        0.000
  3         Sum         517.000        0.003
  4    Variance           2.472        0.000
  5         SSQ       11229.000        0.000
  6       MCSSQ       11169.839        0.000
  7    Euc Norm         105.967        0.001
  8     Minimum           0.000        0.000
  9     Maximum          82.000        0.000

Network Centralization Index = 0.00%
```

图 4.21　女排夺冠信息传播中间中心度分析结果

③ 微博用户角色接近中心度。依据图 4.22 的接近中心度分析结果，整个网络生态系统中所有节点获取和发布信息距离的最大值分别为 2.283 和 4332.295。不难看出，在整个传播生态网中，信息发布主体性较强，除过生产者以外，其他节点均无自主创造信息能力，发布信息后到达其他节点的平均距离为 1.044，信息实时性较强，爆发力较强。具体来看，作为信息生产者和组织者的“中国新闻网”，发布信息到达其他所有后继节点距离为 4332.295，体现出生产者和组织者作为信息的始发者极强的信息发布能力，其位于整个网络的核心，而其信息获取能力较弱。由表 4.4 可得“V 影响力榜”和“微博名人”这两个角色获取信息所需经过距离分别为 1 和 1.5，距离较短，而传递信息的距离分别为 27.5 和 41，体现了传播者与消费者作为中间节点的信息中转与消费能力。信息分解者“没道理的偏爱”

作为网络的终端节点获取信息的距离平均值为 1.833，但其无信息发布能力，显示出分解者作为网络的终端节点对于网络中其他节点的控制能力较弱，只有消费与分解能力，无信息传递能力。

表 4.4　女排夺冠生态系统信息人接近中心度分析结果

微博生态系统信息角色	用户节点	inCloseness	outCloseness
信息生产者/信息组织者	中国新闻网	0.000	4332.295
信息传播者	V 影响力榜	1.000	27.500
信息消费者	微博名人	1.500	41.000
信息分解者	没道理的偏爱	1.833	0.000

Statistics

		1 inCloseness	2 outCloseness	3 NinCloseness	4 NoutClosenes
1	Mean	1.044	1.044	0.023	0.023
2	Std Dev	0.160	64.452	0.004	1.427
3	Sum	4715.533	4715.545	104.395	104.396
4	Variance	0.026	4154.017	0.000	2.036
5	SSQ	5036.943	18772772.000	2.469	9200.855
6	MCSSQ	115.240	18767850.000	0.056	9198.443
7	Euc Norm	70.971	4332.756	1.571	95.921
8	Minimum	0.000	0.000	0.000	0.000
9	Maximum	2.283	4332.295	0.051	95.911

图 4.22　女排夺冠信息传播接近中心度分析结果

第 5 章　基于信息生态的微博用户信息推荐模型构建和信息推荐管理机制研究

第 4 章的研究从基于信息生态的微博信息传播模型角度来阐述微博信息传播的管理机理，微博信息管理的重要目标之一是实现微博信息的精准化和个性化推荐，即向微博用户推荐匹配度高的有效信息。本章研究以提升微博信息推荐个性化和精准化为目标，综合分析现有阶段微博用户信息推荐准确率不高的原因，揭示语义性不强的原因所在，提出两种思路实现微博信息的精准化和个性化推荐：一是利用大数据技术和改良的 LDA 模型，构建相关的微博用户信息推荐生态化管理模型，来提升微博信息推荐的精准度；二是将大数据技术和微本体融合，利用微本体图匹配算法实现微博信息及用户间的精准匹配。本章详细阐述基于上述两种方法的微博用户信息推荐机理，最终提出相应的微博用户信息推荐阶段的生态化管理策略。

5.1　微博用户信息个性化推荐主题模型演化研究——以 LDA 模型为例

随着微博使用的深入普及，微博信息量过载等问题为用户精准个性化推荐造成极大的困难，微博用户信息个性化推荐主题模型 LDA 应运而生，而随着微博推荐主题模型研究的深入，LDA 主题模型的基本理论及其演化与改进模型的研究也日渐成熟，但是对于 LDA 模型演化过程及趋势的研究几乎没有。

5.1.1　微博信息推荐模型的演进——从文本聚类到 LDA 主题模型

早先文本主题挖掘方法主要是聚类算法，其原理是借助 VSM(Vector Space Model)技术使文本中某些非结构化数据与向量空间中的点对应，同时借助原始聚类算法完成文本聚类，从而实现快速高质量的文本聚类目标，如图 5.1 所示。其所依照的是同一类别的各个文本之间相似性程度较高，而相异类别的各个文本之间相似性程度低[62]。文本聚类算法有以下几种：以划分法为理论基础的聚类算法(如 K-MEDOIDS、K-means)、以层次法为理论基础的聚类算法(如 BIRCH 算法、CURE 算法)、以密度法为基础的算法(如 DBSCAN 算法、OPTICS 算法)和以模型法为理论基础的算法(如神经网络)等[63-69]。上述方法的聚类结果往往可以认为近似满足了同一个主题，但是文本聚类算法对于文本间距离的要求依赖性较高，且在如此巨量的文本中对于文本间距离的定义难度更高。此外，文本聚类算法也仅仅是对类别进行了判别，并没有说明具体的语义信息，不便于人们的理解。

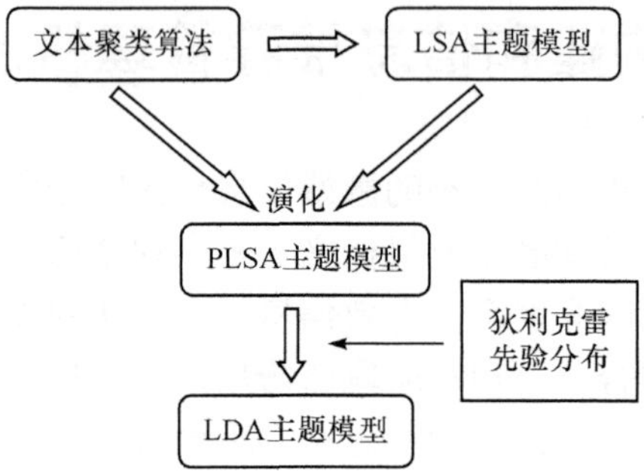

图 5.1　LDA 模型演化过程

随着文本主题挖掘方法探究的逐渐深入，有学者在此基础上构建出了主题模型[70]。最早为 LSA，它是由国外学者创立的一种利用线性代数相关理论知识实现文本主题挖掘的方法。LSA 主题概率模型原理是借助 SVD(Singular Value Decomposition)技术来实现文本数据的降维处理，丁晟春等基于此剖析出文本语义结构，并查询完成文本数据降维的语义结构[71]。同时利用奇异值分解等多种方法，使得语义结构中潜在的关联关系可以被清晰的显示出来，此方法的核心是语义标注。但是，马雯雯等研究发现 LSA 方法具有明显的缺陷，对于文本的“一词多义”问题 LSA 方法无法解决[72]。同时 LSA 是通过 SVD 方法实现的，而 SVD 计算的难度开销较大，且计算结果多数情况下是负数，使得文本主题的理解难度进一步加大。

在研究 LSA 和原始文本聚类算法的基础上，国内外研究学者提出了新的主题模型，所谓主题模型是指基于概率的产生式模型从而实现文本主题提取的新方法，主要有 PLSA 和 LDA 两种模型[73-76]。所谓 PLSA(Probabilistic Latent Semantic Analysis)是在研究LSA基础上提出的一种基于最大似然法和产生式模型的概率模型。PLSA 沿用了早期 LSA 模型中的方法，即实现文本的降维操作。普遍借助的文档表达方式是 TF-IDF，TF-IDF 表达方式下通常将文档视为高维数据，安璐等利用降低维度处理对高维度数据进行处理，从而使高维度空间与低维度空间相映射[77]。García 等研究发现由于 PLSA 采用的是相较于传统 SVD 算法更加简单的 EM 算法进行模型的求解，与早期的 LSA 相比，PLSA 模型数据处理的性能以及模型的实用性更高[78]。

LDA 主题模型是在上述 PLSA 研究基础之上增加了狄利克雷分布从而构建

而成的三层贝叶斯概率模型，此三层模型为“文本-主题-词”，LDA 是对 PLSA 突破性演化和扩展[62]。由于 PLSA 模型在核算文档和与之对应的主题概率时所使用的模型不唯一，从而出现较多的文本参数，致使出现了过拟合问题，并且为文本训练集以外的文档划分概率较有难度。针对以上模型处理文本方面的欠缺，为 LDA 模型中设定超参数，构建一个三层贝叶斯概率主题模型，利用计算出的概率实现模型的演化和推断，最终剖析出相关文档语义结构，并且提取出相关文档主题。

5.1.2　微博个性化推荐主题模型 LDA 工作机理分析

近年来，国内外学者对于微博推荐模型探究侧重于 LDA 主题模型及其改进方面。LDA 主题模型是在近年来逐渐发展起来的主题模型，如图 5.2 所示。其主要原理为：假定某一文本为与之相对应主题的多项分布，并且假定主题也作为某一与之相对应单词的概率分布，因而能够把文本中潜在的主题视为与之相对应单词的概率分布，从而把某一文本通过与之相对应潜在主题的概率分布而体现出来，上述的假定较好地适用于海量数据处理的空间降维操作，即使文本与主题相映射。LDA 模型图如图 5.2 所示。

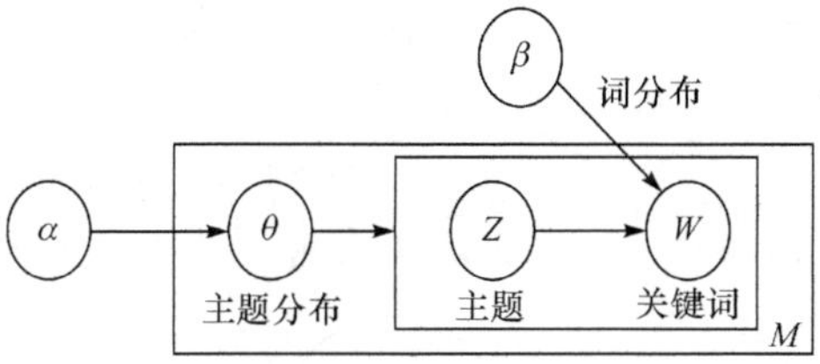

图 5.2　LDA 模型图

图 5.2 中 θ 与 Z 所代表的都为隐含变量，而 W 所代表的则为文本主题的唯一性单词，即相关文本可观测值；指定文本集为 D，其代表的为 M 个文本集合，且各个文本 d 由 N 个单词构成，假设指定文本集 D 主题的数量是 T 个，LDA 模型对于指定文本集 D 主题生成过程如下操作。

(1) 生成 T 维多项式向量 Φ 服从参数为 β 的狄利克雷分布，$\Phi \sim \mathrm{Dirichlet}(\beta)$。

(2) 生成 T 维多项式向量 θ 服从参数为 α 的狄利克雷分布，$\theta \sim \mathrm{Dirichlet}(\alpha)$。

(3) 对文档中的每个词 $w_n(1<n<N)$: ①生成一个由参数是 θ 的多项式分布所构成主题 z_n；②根据特定的主题比例 β，对 w_n 生成 $P(w_n \mid z_n, \beta)$。

每个文档主题的联合概率分布为

$$P(w|\alpha,\beta)=\int P(\theta|\alpha)\left(\prod_{n=1}^{N}\sum_{z_n}P(z_n|\theta)P(w_n|z_n,\beta)\right)\mathrm{d}\theta \tag{5.1}$$

随着 LDA 主题模型的提出，借助 LDA 可挖掘潜在主题的特性，国内外学者广泛应用其进行文本主题的挖掘。基于 LDA 主题模型提取文本主题，在此基础上完成微博用户信息的个性化推荐，弥补了传统的主题挖掘采用文本聚类算法的不足。

然而，相对于传统的文本形式，微博文本具有长度相对较短的特性，主题之间缺乏联系，致使数据相对稀疏，同时加大了微博主题结构构建难度[66]。针对 LDA 主题模型处理短文本的不足，致使微博文本数据相对稀疏、主题模型区分度不足的情况，国内外研究者充分利用 LDA 模型适用于获取大规模文档中潜在主题的特性，提出若干 LDA 派生及改进模型。LDA 模型主要演化及改进模型如图 5.3 所示。

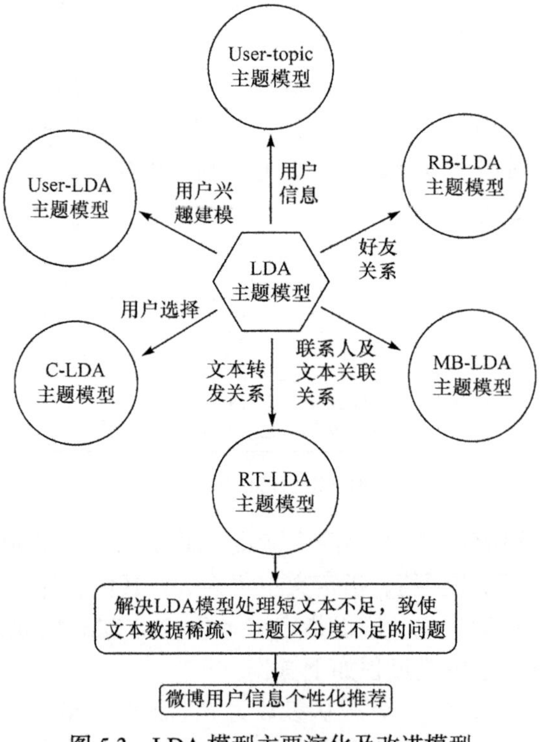

图 5.3　LDA 模型主要演化及改进模型

(1) 基于好友关系的 LDA 模型的演化——RB-LDA 主题模型。

RB-LDA(Relationship Bind Latent Dirichlet Allocation)主题模型是在 LDA 模型基础上，针对其处理短文本的不足，计及微博用户的好友关系限制从而改进和演化出的模型。其主要原理是，借助 RB-LDA 来推算出各个微博用户和与之相对应的标签间主题相关性程度大小，在此基础上实现微博用户的标签推荐。RB-LDA

模型如图 5.4 所示，其中 M_f 表示此微博用户的粉丝集合，而 M_a 表示此微博用户关注的微博好友的集合。

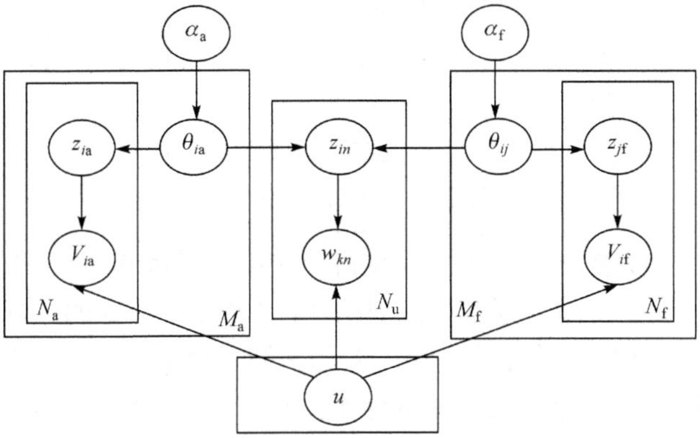

图 5.4　RB-LDA 模型图

RB-LDA 模型主要由两部分构成：第一部分由某一微博用户 u 与其微博粉丝 v_{jf} 组合从而形成的粉丝对构成，此粉丝对用 (u, v_{jf}) 表示；第二部分由此微博用户 u 与其所关注的好友 v_{ia} 组合从而生成的好友对构成，此好友对用 (u, v_{ia}) 表示。就上述每一个微博用户的粉丝对或好友对而言，首先提取出特定微博用户 v_{jf} 相对应的主题，并且推测出其相应的分布 θ_{ij}，从本质上来看这一操作与 LDA 的操作过程相类似，接下来依据 θ_{ij} 将该微博用户 u 的主题分布推测出来。之后每个该微博用户所关注好友对 (u, v_{ia}) 的推测操作与上述操作相似，但最终得到的参数相异，α_f 与 α_a 各自分别表示微博用户粉丝集合以及此用户所关注的微博好友集合各自所对应的参数。

不难看出，在 RB-LDA 模型中，所选取的微博用户好友间标签具有主题相关性的特征，同时若在生成文本过程中仅仅使用单个用户的标签，则会出现所生成的文本过于短小，文档数据稀疏的问题，而 RB-LDA 考虑到了好友关系，在一定程度可解决文档数据稀疏所造成主题的相关性不高且文档间差异性不足的问题。

(2) 基于联系人及文本关联关系的 LDA 模型的演化——MB-LDA 主题模型。

MB-LDA(Micro Blog Latent Dirichlet Allocation)主题模型是针对某些微博文本会携带结构化的社会网络信息，而传统模型不能很好地对其建模，从而提出的 LDA 的演进模型。此模型是在计及微博用户联系人以及文档间相互关联关系从而形成的一种挖掘文本主题的演进模型[73]，如图 5.5 所示，c 和 r 分别代表的是微博联系人的关系和微博文本转发的关系。

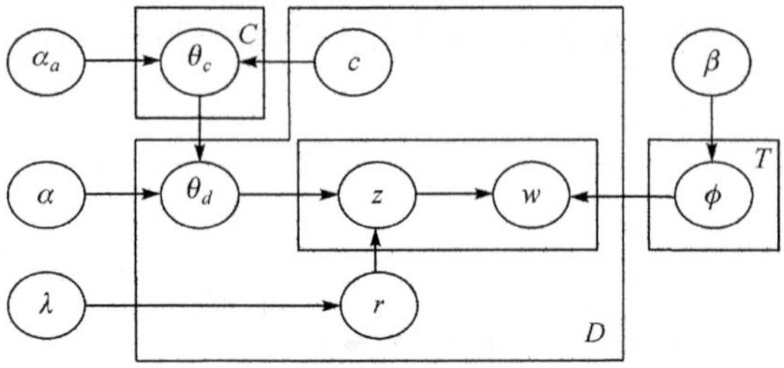

图 5.5　MB-LDA 模型图

此模型首先抽取参数是 β 的狄利克雷分布中主题和单词间关联关系 φ。当利用此模型生成一条微博时，通过@(@表示微博之间联系人的关联关系)辨别联系人的关联关系：若文档句首是@，则代表此文档是对话微博，此时令 $\pi_c=1$，同时对参数为 α_c 的狄利克雷分布实行抽取样本操作，抽取出微博联系人关系 c 和所有文本主题之间的关系 θ_c，并且将抽取出的关系 θ_c 赋值于 θ_d；反之令 $\pi_c=0$，此时直接从参数为 α 的狄利克雷分布中抽取出 θ_d。θ 的概率分布为

$$P(\theta|\alpha,\alpha_c,c)=P(\theta_c|\alpha_c)^{\pi_c}P(\theta_d|\alpha)^{1-\pi_c} \tag{5.2}$$

接下来依据 RT(RT 代表的是每个用户微博之间的文档关联关系)辨别文档间的关联关系：若某一用户的文本包含着 RT，则说明此文本为锐推微博，此时文本内转发部分 d_{RT} 和剩余其他各个部分之间的关联用 $\theta_{d_{\mathrm{RT}}}$ 表示，同时提取文本的转发关系 r，此提取对象是参数是 λ 的 Bernoulli 分布，从而确定主题 Z_{dn}，Z_{dn} 属于参数为 $\theta_{d_{\mathrm{RT}}}$ 或 θ_d 的多项式分布中相对应的单词；反之，令 r=0，此时将与此词汇相对应的主题 Z_{dn} 从参数为 θ_d 的多项分布中提取出来即可。最终提取出单词 w_{dn}，提取对象是参数是 $\Phi_{Z_{dn}}$ 的多项式分布。对于微博用户每一条微博，与此微博文档全部词汇所对应主题的概率分布为

$$P(w,z|\lambda,\theta,\beta)=P(r|\lambda)P(z|\theta)P(w|z,\beta)=P(r|\lambda)P(z|\theta_d)^{1-r}P(z|\theta_{d_{\mathrm{RT}}})^{r}P(w|z,\beta) \tag{5.3}$$

MB-LDA 模型一方面极大地提高了微博主题提取的精准度，另一方面还提高了提取微博好友感兴趣相关主题的效率及精度，为微博个性化、精准化推荐提供了较好理论支撑。

(3) 基于用户转发关系的 LDA 模型的演化——RT-LDA 主题模型。

RT-LDA(Retweet Latent Dirichlet Allocation)主题模型即基于转发的狄利克雷分配模型，其主要是借助于 LDA 模型，针对微博用户的海量信息及微博用户的兴趣会随着时间发生改变的特性，并且实现微博文档间模型的构建，从而构建适合微博用户信息推荐的主题模型，如图 5.6 所示。

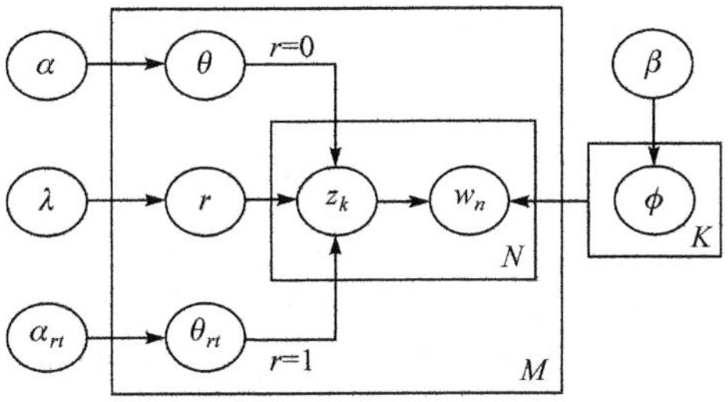

图 5.6　RT-LDA 模型图

假定某用户可以将兴趣度高的某一微博 M_1 进行转发操作，此时形成了 M_2，此时可称由 M_1 转发所形成的 M_2 是转发微博，而称 M_1 是被转发微博，RT 则代表的是 M_1 和 M_2 相互间的关系是转发关系。图 5.6 所示的微博文本的主题 z_k 由变量 r(表示转发关系)的值所决定：若 M_2 无被转发微博，此时 r 取值为 0，代表的是 M_2 为原始微博，利用 M_2 自身主题先验概率 α 以及 M_2 自身主题分布 θ 即可确定 M_2 主题；而若微博 M_2 有被转发的微博 M_1，此时通过参数 λ 来推断微博 M_2 的主题 z_k，而由参数为 θ 或 θ_{rt} 的多项分布即可确定主题 z_k。如果 $\lambda \in [0,1]$，且 r 是参数为 λ 的二项分布，若 r 取值是 1，则表示 M_2 与 M_1 之间是相关关系，此时由 M_1 的先验概率 α_{rt} 以及 M_1 自身的主题分布 θ_{rt} 即可判别 M_2 的主题，而若 r 取值为 0，则 M_2 与 M_1 不相关，此时 M_2 的主题由其自身的主题分布 θ 所决定。RT-LDA 主题模型生成的概率为

$$P(e|\lambda,\alpha,\beta)=\int P(\theta|\alpha)^{1-r}P(\theta_{rt}|\alpha_{rt})^{r}\left(\prod_{n=1}^{N}\sum_{z=1}^{K}P(z_k|\theta)^{1-r}P(z_k|\theta_{rt})^{r}P(w_n|z_k,\beta)\right)\mathrm{d}\theta \tag{5.4}$$

RT-LDA 模型充分计及了微博转发特征，能够较好应用于微博主题挖掘，达到微博用户信息推荐的目的。但是 RT-LDA 准确率明显不高，因此在 RT-LDA 主题模型研究基础之上演进出了 C-LDA 模型，可进一步提高微博用户信息个性化推荐的精准度。

(4) 基于用户选择的 LDA 模型的演化——C-LDA 主题模型。

C-LDA(Collaborative Latent Dirichlet Allocation)主题模型其主要目的是提升微博个性化推荐准确性且合理的分析、处理海量的微博用户信息，是对原始三层 LDA 模型在其文档主题层之前增加用户选择层形成一种四层主题推荐模型[76]。一方面，C-LDA 模型考虑到了被转发者对转发者的影响，另一方面，也考虑到了关注者所造成的影响。

传统 LDA 模型有以下两点不适合微博的应用：首先，原有 LDA 模型仅仅将微博作为基础单位计算主题概率向量 θ_t，忽视了同一用户所发布微博间主题的相

关性，同时存在用户所发微博文档较短且文档数据稀疏的不足。而在 C-LDA 模型中将微博集 T_u 作为基础单位计算主题概率向量 θ_u，即可解决上述问题。其次，某一用户发表的微博有两大影响因素，一方面是被转发者，另一方面此用户关注的好友。即可定义某一微博 t 的相关者集合 L_t 是微博的发布者 u 的关注的集合 θ_u 以及其被转发者的并集 u_{RT}。与 LDA 模型相比，C-LDA 模型增加了在用特征词抽取主题之前抽取相关用户的操作。同时，为了有效预防过拟合问题，假设相关用户的概率向量先验分布服从狄利克雷分布，其参数为χ。

C-LDA 形成微博集 T 流程示意图如图 5.7 所示。在 C-LDA 模型中，微博的文本长度服从泊松分布，即 $N \sim p(\xi)$，其中 N 与 k、θ 独立；与被抽样微博相关的用户概率向量 $\lambda \sim \mathrm{Dir}(\chi)$，主题特征词的概率向量 $\varphi \sim \mathrm{Dir}(\beta)$；每一篇微博 t 从相关者集合 L_t 中抽取某一用户 $l \sim$ Multinomia $l(\lambda)$，选择的用户 l 的主题概率向量 $\theta_t \sim \mathrm{Dir}(\alpha)$；从微博 t 里的各个特征词 $w_n \in t$ 中提取出每个主题 $z_n \sim \mathrm{Multinolim}(\theta_t)$，同时根据主题 Z_n 与之相对应特征词的分布向量 φ_{z_n}，抽取每一个特征词多项分布 $w_n \sim \mathrm{Multinolim}(\theta_t)$。如上所述，参数为($\alpha$，$\beta$，$\chi$)($T$，$Z$，$L$)的联合概率分布为

$$P(T,Z,L|\alpha,\beta,\chi)=\prod_{T_u}^{T}\int P(\lambda|\chi)\times\left(\prod_{t=1}^{T_u}\int P(l_t|\lambda)P(\theta_t|\alpha)\left(\prod_{n=1}^{N}P(z_{t_n}|\theta_t)P(w_{t_n}|z_{t_n})\right)\mathrm{d}\theta_t\right)\mathrm{d}\lambda \tag{5.5}$$

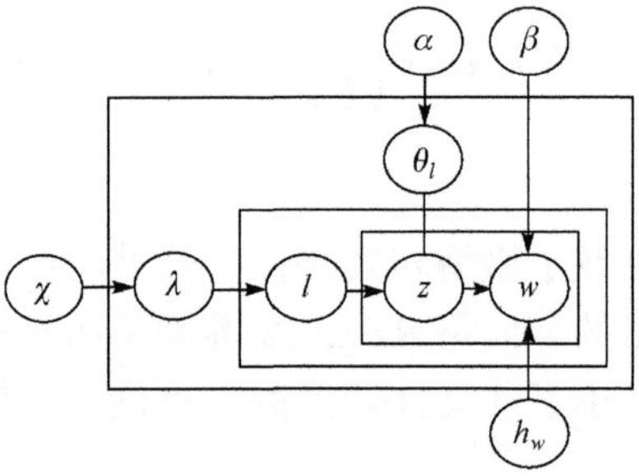

图 5.7 C-LDA 模型图

不难看出，与已有的 LDA 模型、RT-LDA 模型相比，C-LDA 模型有效地提高了微博应用的时效性、互动性及精准度，推荐的效果更加理想。并且，经证明 C-LDA 模型分析、提取微博文本数据的性能更强。

(5) 基于用户偏好的 LDA 模型的演化——User-LDA 主题模型。

User-LDA 主题模型是对原始 LDA 的演进，是为了实现在海量的微博用户中精准地为用户推荐好友的目标。其主要原理是在构建微博用户的偏好主题模型后，对用户和与之对应的主题概率分布矩阵进行分析，利用其分析结果来算出微博用

户间的相似度，最终实现微博用户二级好友推荐[77]。User-LDA 模型把各个微博用户所发表微博视为总的大文档，同时生成主题，最终获取每一位微博用户所形成的相应文档主题概率多项分布，即实现了微博用户偏好模型的构建。User-LDA 模型图如图 5.8 所示。

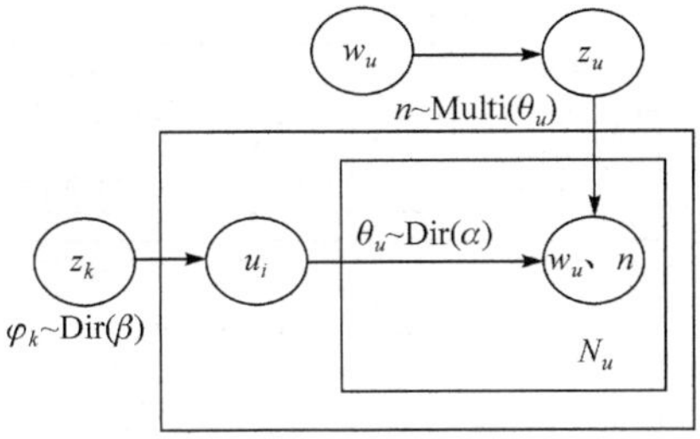

图 5.8　User-LDA 模型图

此模型主要是将狄利克雷分布视作用户微博文本主题概率模型中多项分布的先验分布，α 代表微博用户和与之对应主题的概率分布 φ 的先验参数，而 β 则代表微博用户文本主题和与之对应单词的概率分布 θ 的先验参数，通过 α、β 两个超参数即可以得到平滑度更高的主题和词汇得分布结果。此模型的生成过程如下：首先对于每一个微博主题 $z_k(k=1,\cdots,k)$ 里的单词概率进行多项抽样：$\varphi_k \sim \text{Dir}(\beta)$。接下来对每个微博用户 $u_i(i=1,2,\cdots,N)$ 的微博主题概率进行多项抽样：$\theta_u \sim \text{Dir}(\alpha)$，同时对微博用户的主题完成抽样操作即可得到与各个单词 w_u、n 相映射的主题 z_u、$n(z_u$，n～Multi(θ_u))，并且对主题 z_u,n 的单词多项分布抽样可得单词 w_u、$n(w_u,n$～Multi($\varphi(z_u,n)$))。

在上述操作基础之上，联合三元闭包理论，同时剖析微博用户所发微博文本内容以及社会关系网络，分别构建用户偏好中心以及用户的社交关系网络，进而计算相似度，最终即可实现用户精准化推荐。User-LDA 主题推荐模型一方面提供了一些复杂问题的处理思路，有效解决了微博文本稀疏以及数据拟合的问题；另一方面由于建立了用户偏好中心，构建了用户偏好模型，更可以扩展用户偏好，因此可以给用户提供便利，实现微博好友推荐的多元化。

(6) 基于微博内容和微博用户联合建模的 LDA 模型的演化——User-topic 主题模型。

User-topic 主题模型以 LDA 为依据，同时增加了用户的个人数据，构建微博文本-主题-词汇-用户四层模型，可获取文本主题所产生的用户概率分布，同时利用此四层模型实现多角度的用户个性化推荐，主要有主题、内容和用户推荐三大模块的功能[62]。User-topic 主题模型提供了一种对微博内容和微博用户联合建模的新方法，此模型可实现对文档和用户的同时建模，第一步生成文档中的所有单词，接下来随机抽取文档中的单词，并用此单词的潜在主题生成作者。User-topic 模型生成文本的过程如图 5.9 所示。

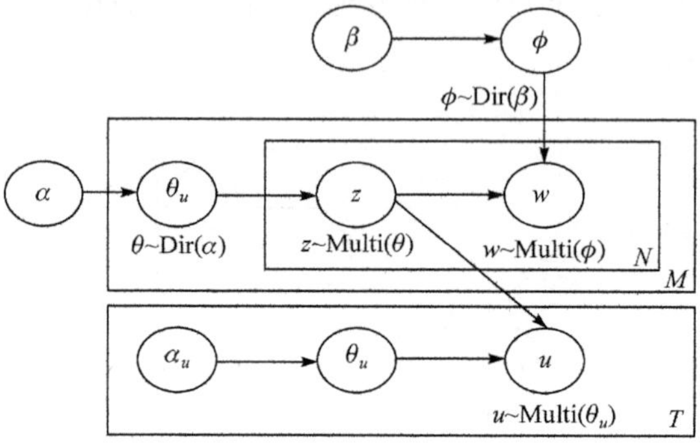

图 5.9 User-topic 主题模型图

User-topic 生成微博文本过程如下，先是将微博文本主题和词汇关联关系从服从参数为 β 的分布里提取出来，同时将微博文本主题与用户关联关系从服从参数为 α_u 分布中提取出来，上述的分布均为狄利克雷分布。User-topic 模型中微博信息具体产生流程如下。

① 首先从文本中提取出各个主题，对其中所出现的词汇概率多项抽样 $\beta \sim \mathrm{Dir}(\eta)$；同时，对用户的概率进行多项抽样：$\alpha \sim \mathrm{Dir}(\gamma)$。

② 对于每一篇微博 d，抽取出主题概率的向量：$\theta_d \sim \mathrm{Dir}(\alpha)$；对文本中的各个词汇实施主题的多项抽样操作：$z_{dn} \sim \mathrm{Multinolim}(\theta_d)$，并且对文档中的单词进行多项抽样：$w_{dn} \sim \mathrm{Multinolim}(\beta_z)$；观察用户发表的微博文本，从中提取出主题，并根据其概率多项分布进行抽取样本操作：$u_{dn} \sim \mathrm{Multinolim}(\varphi_{dn})$，并且同时对用户发表的信息进行主题词汇的概率多项分布进行抽样：$u_{dn} \sim \mathrm{Multinolim}(\alpha_{u_{dn}})$。

5.1.3 微博个性化推荐主题模型 LDA 的演化方向

LDA 所演化出的诸如 C-LDA、RB-LDA 模型等，较好地解决了原始 LDA 主题模型所引起的文本稀疏、数据拟合度不高的问题，有效地提高了微博个性化推荐的精准度和推荐质量[73-75]。随着对 LDA 模型研究的不断深入，研究逐渐向纵深化、个性化、精准化和融合化方向发展，具体表现为三个方面：LDA 主题模型与本体的融合、LDA 主题模型及推荐方法的多级融合以及 LDA 主题模型与大数据技术的融合。

(1) 本体与 LDA 主题模型融合的微博信息推荐研究。

微博用户信息个性化推荐是以微博信息组织和传播为基础演变而来的，因此为了达到微博个性化推荐的更加精准的目的，必须确保微博信息组织和传播描述的准确程度。本体是在人工智能研究基础上所提出的一个术语和关系，其主要作用是能够提取出文本中的标签词汇，同时通过使用术语和关系进而构成标签词汇延伸的含义。而本体最重要的特征在于本体是一种可以充分体现概念结构形式化的语义模型，可以对微博文本形成形式化的定义，为文本建模提供明确的定义。同时，为了使微博信息更为规范化、更具有结构性，可借助于本体技术使微博信息的定义更加明晰，一方面有助于微博信息的组织和检索，另一方面还可提高微博信息组织和传播描述的准确性，同时提升微博用户个性化推荐精准程度及推荐质量。由于 LDA 模型在对微博信息具体单词的匹配操作过程中忽略了潜在的语法及顺序关系，造成了语义的缺失，所以，若是将本体技术作为搭建微博个性化推荐系统的基础数据库的数据结构，同时融合 LDA 主题模型，将会大幅度提升微博个性化推荐精准度。

微博个性化推荐主题模型与本体融合的主要思想是利用LDA主题模型的思想，将微博用户所发微博进行整合，形成一个大文本，将这个大文本视为每篇微博文本主题混合概率分布，且不再将各个文本主题视为与之对应单词的一个概率分布，而是对某一微博用户所发的所有微博整合形成的大文本进行本体建模，将 LDA 模型中微博信息的主题层改变为本体中的概念层，以助于提高其语义性。实际操作过程首先是对微博信息进行建模，并且将其作为微博个性化推荐的本体，然后将此本体架构应用于 LDA 模型中，最终实现微博个性化推荐，如图 5.10 所示。

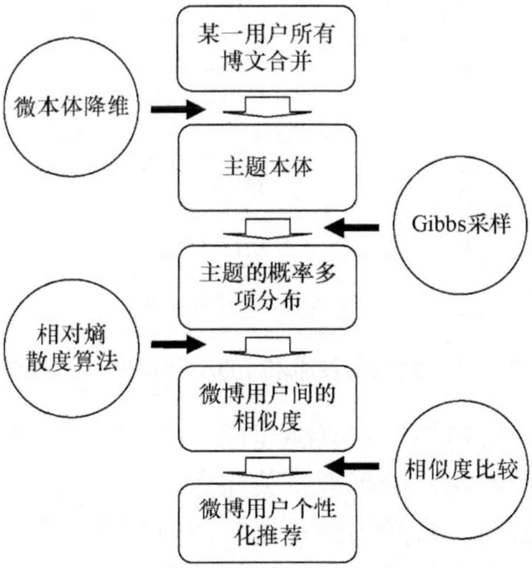

图 5.10　本体与 LDA 融合个性化推荐流程图

(2) 大数据技术和 LDA 主题模型融合的信息推荐研究。

国内微博所注册用户数额已超过 10 亿人次，而其中涉及的关注关系上千亿，微博用户每天所发布的微博达到 1 亿条以上，用户间的互动行为几十亿，而阅读行为更是达到了近千亿。在如此海量数据中，如何实现精准推荐是一大难题，而借助大数据技术超强的信息处理、分析及提取能力，同时融合主题模型来实现微博用户信息的精准推荐是当下最热门的研究。在大数据时代，微博信息暴增，借助大数据技术的海量信息处理能力对海量用户信息进行分析、提取，为此后 LDA 模型主题的提取提供了精准数据支持，有助于更好实现微博用户信息推荐的精准化程度及推荐质量，是当下研究微博个性化精准推荐的侧重点。

大数据技术核心思想就是在对海量数据进行处理、分析及提取的基础上，挖掘出新知识和知识的新价值。而进行精准微博用户个性化推荐的前提是保证样本的海量性及信息提取的准确性，利用大数据技术处理、分析微博用户信息，抽取出最具代表性一类用户，其主要完成的是上层的数据处理、分析模块任务。在此基础上使用 LDA 主题模型实现所抽取出用户的主题概率多项分布，从而达到精准化微博用户信息个性化推荐的目的，如图 5.11 所示。

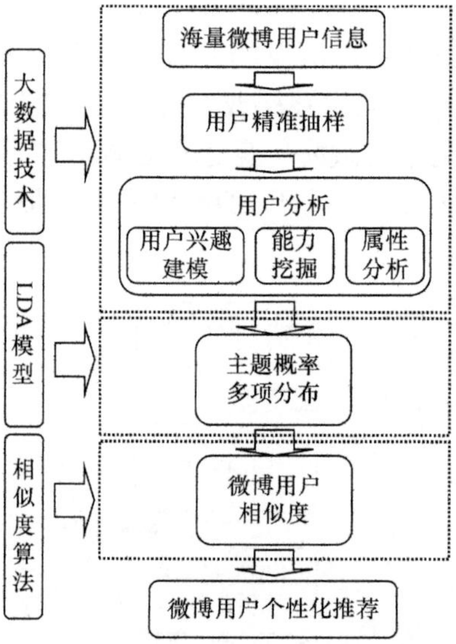

图 5.11　大数据技术和 LDA 融合模式示意图

用户分析操作中主要包括用户兴趣建模、能力挖掘、自然属性分析三大功能。用户兴趣建模就是分析此用户的兴趣及关注点；能力挖掘是指根据用户所发微博剖析其微博内容优势所在；自然属性是指与微博用户自身相关联的数据，主要有用户从属的工作种类、出生年月、收入等相关信息。

(3) LDA 主题模型及推荐方法的多级融合研究。

随着微博个性化推荐模型研究的深入，单纯地使用某一种推荐模型实现个性化推荐已不能满足个性化和精准化的需求。同时用户数据稀疏的问题依然没有得到很好的解决，并且用户信息的非结构化，致使微博个性化推荐精准度不高，这些因素制约了微博发展。而将模型及方法多级融合可以充分利用各个模型或方法优势解决以上的难题，实现精准化的微博用户信息的推荐，有助于微博发展以及微博研究的深入化，是未来微博推荐模型发展的主流。

模型及方法的多级融合模式主要有两种：并行融合和串行融合。并行融合是指将各种推荐模型和算法融合为一个整体的推荐系统，在推荐系统内部融合各种算法、推荐方法以及 LDA 模型，利用互补优势，实现同级融合推荐，提高微博用户信息推荐的准确率及精准度。串行融合则是指将各种模型与算法串行连接、多级过滤，最终利用各个模型、算法及其他各种推荐方法的融合实现微博用户个性化推荐，如图 5.12 所示。

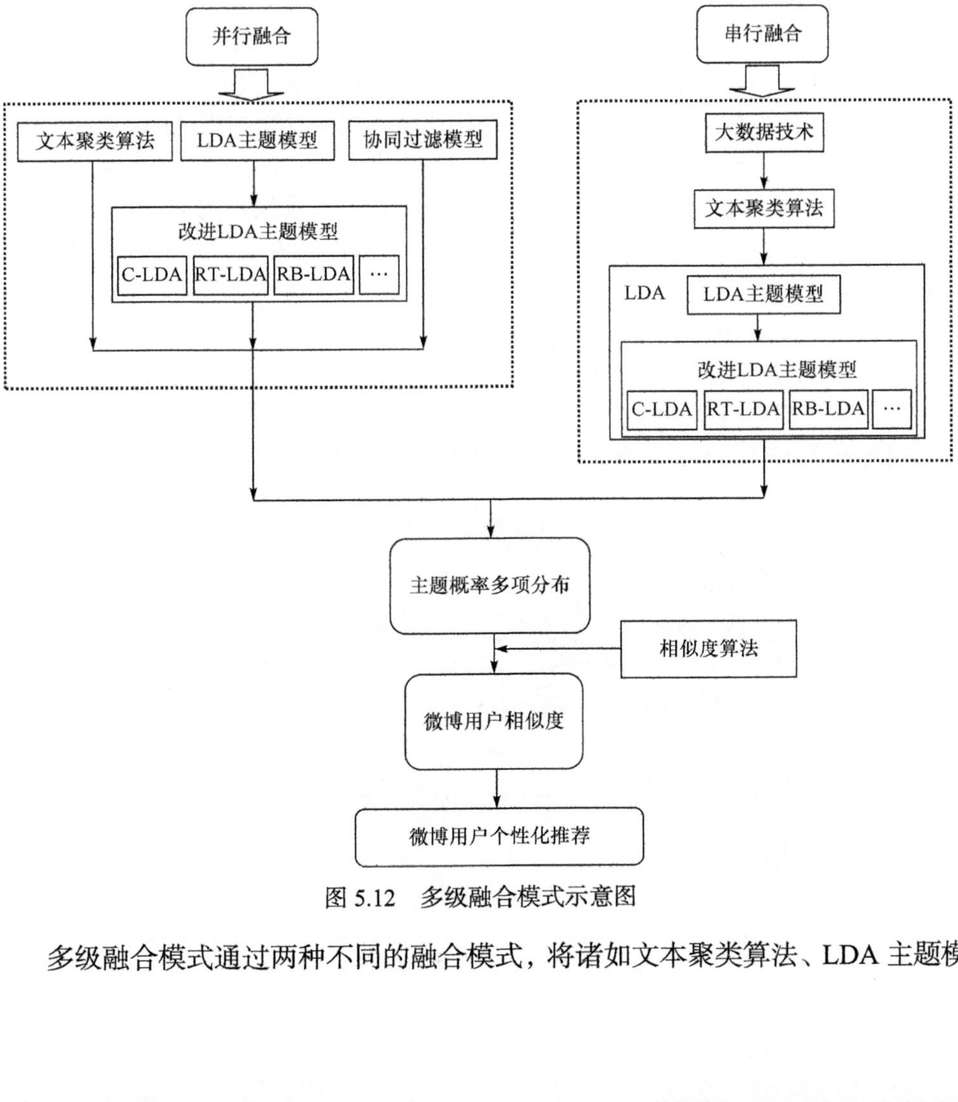

图 5.12　多级融合模式示意图

多级融合模式通过两种不同的融合模式，将诸如文本聚类算法、LDA 主题模型、协同过滤模型等融合起来，并行或者串行使用，极大地利用了各自的优势，弥补了 LDA 模型对于短文本处理不足、文本数据稀疏的问题。

5.2 本体与 LDA 主题模型融合的微博信息推荐研究

5.2.1 基于微本体的信息推荐

微本体与微本体之间的匹配可以实现信息之间的匹配和推荐，基于微本体架构的微博信息推荐方法正是基于微本体匹配理念。微本体之间的匹配在增强语义性的同时，也增强了微博信息推荐方面的精准度。该方法需要进行的工作有两部分：建立微博主题微本体库，根据上述的主题微本体和用户微博信息微本体的构建方法进行构建，然后以微本体库的形式进行存储，最终要建成微博主题微本体库；构建用户微博信息微本体库，与主题微本体的构建不同的是，用户微博信息微本体要在构建前期处理用户的博文信息，将用户的微博内容进行降维，使用处理后的微博信息进行用户微博信息微本体的构建，最终形成用户微博信息微本体库。以上两项微本体的构建工作需要同时进行，并不断更新。构建完成后，要利用本体匹配技术将用户主题微本体与主题微本体库中的微本体进行匹配，实现用户间推荐。

微本体的匹配工作是信息推荐的核心环节，然而元素层的微本体匹配方法不适用于大规模的微本体之间的匹配，这就需要利用微本体匹配技术中的匹配算法，本书选用图匹配算法，进行较大规模的微本体匹配处理。具体的操作是把分层处理后的本体 OWL 文件看成树状结构或图状结构，通过本体匹配算法进行微本体之间的匹配，得出各微本体之间的相似度，根据相似度的大小高效精准地确定推荐的目标和内容，二者的匹配和推荐过程如图 5.13 所示。

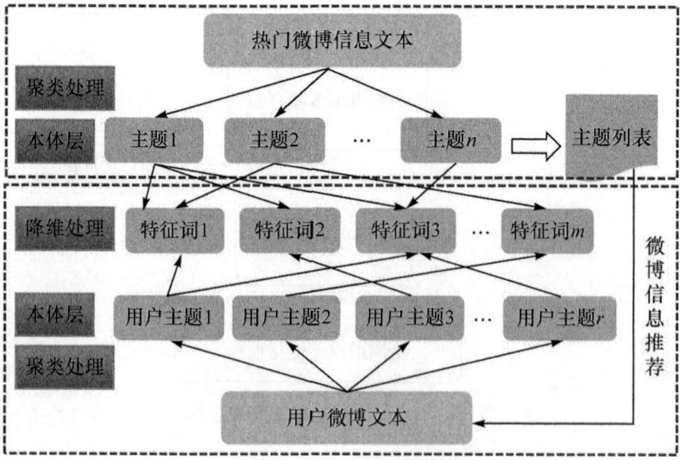

图 5.13 基于微本体的微博信息推荐过程

5.2.2　基于图匹配的微本体匹配预处理

微本体在进行图匹配时，微博信息的预处理是首要的操作。对所需要匹配的目标用户主题微本体和上文中构建并存储的微博主题微本体进行预处理，预处理后可以降低匹配的复杂度，最重要的是可以提高匹配的精准度。具体的目标是要进行目标用户主题微本体预处理。为了能够实现本体与本体之间的匹配来提高微博信息推荐精准度，在匹配之前对目标用户的博文信息进行降维处理，上文中介绍了目标用户主题微本体的构建，但为了实现快速、高效的微本体之间的匹配，需要对其进行深度处理。

图匹配技术的本质是将输入的各元素看成图，用图结构来表示各元素之间的关系。微本体是存储在关系数据库中的，并且关系数据库以垂直模式为主要的存储方式，在关系数据库中的微本体结构框架稳定，不需要很强的输入和计算的能力，这是微本体进行图匹配的优势所在。另外，图匹配系统很难将自已的本体描述性文件自动转化为图或者树状结构，所以在使用图匹配技术之前，要对存储在关系数据库中的微本体进行结构的转化。微本体分层结束后，利用图-树转化技术将微本体库中的微本体用树状结构表示出来。

在具体的实施过程中，要将微本体库集合化，微本体用 GWO 来表示，集合化成不包含相同或等价本体的微本体集合库 GWO={GWO_1,GWO_2,⋯,GWO_n}。处理微本体库 GWO 以构建微本体分层模型。分层处理最核心的内容是发现微本体概念之间的联系，本体推理机能很好地完成上述任务。目前主流的推理机有 Pellet、Hermit、FACT++等，本书选用 FACT++匹配推理机技术来发现其概念之间的联系，通过这些关系把后续节点分别插在构造图相应位置上，最终结果得到一个有向无环图，为后续匹配做准备，具体算法如图 5.14 所示。

输入：微本体集合 GWO

输出：一个概念分层图 TU

1) 初始化 TU=null；

2) 如果 GWO 为空，算法结束，返回 TU；

3) 从 GWO 中取出 GWO_i，i 从 1 取到 n，同时修改 GWO={GWO–GWO_i}；

4) 若 TU 为空，生成根节点 root=new node(root)，生成节点 node(GWO_i)，并令 parent(node (GWO_i))=root；

//函数 parent(node (GWO_i))表示求出 node (GWO_i)的直接父节点

5) 调用 insert(root，GWO_i)；

6) Go to 2)

函数 insert(root，GWO_i)的描述如下所示。

1) 令 children=children(root);

//函数 children(node(N))表示求出节点 N 的所有直接子节点的集合

2) 若 children 为空，生成新节点 node(GWO_i)，令 parent(node (GWO_i))=root，函数返回；

3) 从 children 里面取 child，令 children=children−{child}；

4) 根据 FACT++推理机，如果 child.Concept 与 GWO_i 无关，则 Go to 2);

//两个概念 GWO_i 和 GWO_j 不相关是指 Subsumption(GWO_i，GWO_j)的值为 0；

5) 根据 FACT++推理机，如果 GWO_i 包含 child.Concept，则生成新节点 node(GWO_i)，令 parent(node(GWO_i))=root，并令 parent(Child)=node(GWO_i)，同时删除关系 parent(Child)=root，函数返回；

6) 递归调用 insert(Child，GWO_i)

图 5.14　微本体分层算法

5.2.3　基于 SJ-Tree 的微本体图匹配算法

上述预处理流程操作完成后，微本体即可实现分层，用户微博信息微本体和主题微本体二者之间就形成了多关系图的形式，其中各实体边的属性代表连通性和实体之间的相互关系，因此在图匹配时可将实体之间的相互关系(即边的类型)作为特征对预处理后的微本体进行分解。本书采用一种树形索引结构 SJ-Tree 来进行微本体之间的匹配。SJ-Tree 属于二叉树，其根节点表示模式图，内部节点表示模式子图，该节点的子图进一步分解，得到内部节点的孩子节点，模式图最终分解后得到的分解结果由叶子节点来表示。

微博信息一直处在不断的更新中，微博各用户发布微博信息频繁，由此可知，微本体图匹配同样是一个动态的过程。为了减少微本体图匹配过程中的信息丢失，本书提出运用如图 5.15 所示的 SJ-Tree 树进行匹配。SJ-Tree 树中各节点存储了其兄弟节点和父节点的信息，并将该节点的匹配结果存放到哈希表中。微本体处于动态更新状态时，也就是数据图进行更新时，SJ-Tree 树上采用迭代搜索的方法对所有叶子节点进行搜索，获取新增加边的匹配结果，并将结果放入 SJ-Tree 树相应节点的哈希表中，同时，为了获取更大的匹配结果，需要根据该叶子节点的兄弟节点的哈希表和其中存储的兄弟节点的匹配结果进行判断，若存在，则将该结果放入父节点的哈希表中，直到获取与整个图相匹配的结果。以图 5.15 中 SJ-Tree 叶子节点的候选集{(“Chris” , “friend” , “Join”)}和{(“Join” , “like” , “Pogba”)}为例，两者相连接整合可以得到更大的匹配结果{(“Chris”,“friend”,“Join”),(“Join”, “like” , “Pogba”)}，使微本体的图匹配内容更加全面和广泛。

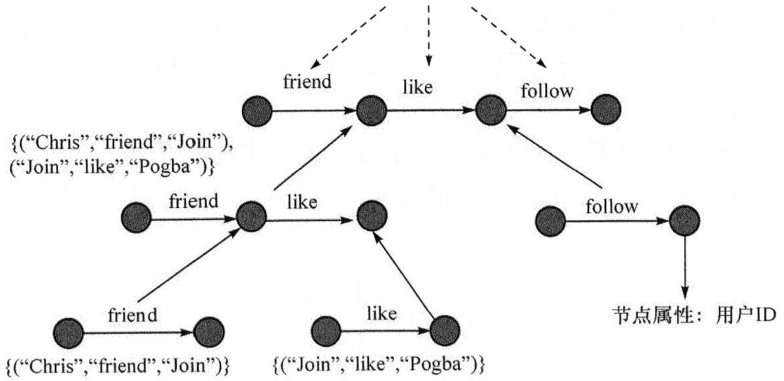

图 5.15　基于 SJ-Tree 树的微本体匹配过程

在实际的匹配过程中，需要用到节点相似度和深度系数这两个概念。节点相似度表示两个概念之间的相似性，在微本体图匹配中则代表微本体节点之间结构的相似性，即

$$\mathrm{Vsim}(a,b)=\frac{|A\cap B|}{|A\cap B|+\partial(a,b)\times|A/B|+(1-\partial(a,b)\times|B/A|)} \tag{5.6}$$

深度系数表示两个概念之间不同特性的重要程度，越接近顶层节点的节点相似性对两个层次图总体的相似性影响越大，即

$$\partial(a,b)=\begin{cases}\dfrac{\mathrm{depth}(a)}{\mathrm{depth}(a)+\mathrm{depth}(b)}\mathrm{depth}(a)\leqslant\mathrm{depth}(b)\\ \dfrac{\mathrm{depth}(b)}{\mathrm{depth}(a)+\mathrm{depth}(b)}\mathrm{depth}(a)\leqslant\mathrm{depth}(b)\end{cases} \tag{5.7}$$

微本体用 O_i 表示。式(5.7)表示 O_1 中的概念 a 和 O_2 中的概念 b 的语义相似性的系数，depth(a)表示深度信息，即该节点 A 到根节点的距离。由上可知$(a,b)\in[0,0.5]$。

具体的算法步骤如下。

① 微本体节点相似度的计算。用式(5.8)计算 GWO 中的微本体 a 和 UO 中微本体 b 的语义相似性系数，其中 GWO 表示主题微本体，UO 代表用户微博信息微本体，则 depth(a)则表示子节点 A 到根节点 GWO 的距离，同理 depth(b)表示节点 B 到根节点 UO 的距离。再根据定义和式(5.6)，将主题微本体 GWO 和用户微博信息微本体 UO 代入，计算出两微本体节点相似度为

$$\mathrm{Vsim}(\mathrm{GWO},\mathrm{UO})=\frac{|A\cap B|}{|A\cap B|+\partial(\mathrm{GWO},\mathrm{UO})\times|A/B|+(1-\partial(\mathrm{GWO},\mathrm{UO})\times|B/A|)} \tag{5.8}$$

通过式(5.8)可以看出，节点相似度的取值应该在 0～1，如果 Vsim(GWO,UO)等于 1，意味着两个微本体相同或者等价。如果 Vsim(GWO,UO)等于 0，意味着这两个本体完全不匹配，没有任何联系。

② 微博微本体根节点连接边的相似度。将微本体两条边描述信息是否相同为条件，把两个根节点连接边描述信息相同的相似性定义为 1，否则定义为 0，表示为

$$\mathrm{Ssim}(S_i,S_j)=\begin{cases}1, & S_i=S_j\\ 0, & S_i\neq S_j\end{cases} \tag{5.9}$$

其中，S_i 和 S_j 分别代表两个待匹配本体中根节点连接边的一条边。所有根连接边总的相似性为根连接边相似性之和除以根连接边的总数，即

$$\sum_{i=1}^{n}\mathrm{Ssim}(S_i,S_j)/n \tag{5.10}$$

③ 要进行根节点综合相似度的计算，并根据 SJ-Tree 进行各节点的迭代。把任意一个子微本体看成根节点，它和下层微本体或者属性重新构成了原微本体的一个子微本体，然后把微本体中的每一个子微本体都作为一个根节点加以计算。根节点的综合相似性是直系各子节点相似度以及根节点连接边的相似性的加权求和，即

$$\begin{cases}\mathrm{Zsim}(\mathrm{GWO},\mathrm{UO})=W_0\times\mathrm{Sim}(\mathrm{GWO},\mathrm{UO})+\sum\limits_{i=0}^{n}\mathrm{Sim}(\mathrm{GWO},\mathrm{UO}_i)\times W_i\\ W_0+W_1+\cdots+W_n=1\end{cases} \tag{5.11}$$

具体的算法描述如图 5.16 所示。

```
输入：GWO 表示主题微本体，UO 表示用户微博信息微本体
输出：两个本体的相似度


begin
1) Zsim(GWO，UO)=0；//初始化
2) 计算每个子微本体的深度系数；
3) Vsim(GWO，UO)；//计算以这两个微本体为根节点的子微本体的相似性
4) for(all edges of 1)；//两个微本体根节点发出的边之间的相似性
for(all edges of 1)；
Lsim(1,1)；//计算边之间的相似性
5) Sim(GWO，UO)；//根节点综合相似度的计算
```

```
6) 根据 SJ-Tree 进行各节点的迭代，直到产生相匹配的结果；
7) 如果出现子节点，开始递归，把边指向的节点作为下次递归的入口节点；
8) Sim(GWO，UO)；//根据从边出发的子本体节点的累加相似性，把各个节点按权值相加得出两个本体的相似度；
9) return Zsim(GWO，UO)；//输出相似度的值
end
```

图 5.16　微本体图匹配算法

微本体图匹配算法不仅仅可以实现微本体之间的高效匹配，同时也为今后大规模的微本体匹配、增强微博信息匹配的语义性、实现精准化的微博个性化信息推荐打下了理论基础。但由于目前技术的局限性，本书在进行微本体图匹配算法实验时只选取了部分领域的测试集进行匹配实验，测试集较为局限；并且在微本体的构建方面还无法实现大规模的自动化构建，这就使微本体图匹配算法无法应用于大规模的微博信息匹配和推荐方面，无法更深层次地论证微本体图匹配算法的运用对于微博信息传播的影响，这些是今后需要研究的方向。

5.3　大数据技术和 LDA 主题模型融合的微博信息推荐研究

近些年来，随着移动端网民数量的高速增长，微博用户的数量也增长迅速，这就导致微博内容信息大数据特性越发显著。传统的用户信息微本体和主题微本体的构建大多需要用户共同参与，通过 Folksonomy 进行人工的微博标签信息标注，在此基础上进行微本体的构建，最终通过用户微博信息微本体和主题微本体的匹配实现微博信息推荐。但在大数据背景下，微博信息激增，微博非结构化内容和无用信息混杂，此时，人工化的微博标签信息标注远远无法满足 PB 级甚至 EB 级的微博信息数量。因此，用大数据技术代替传统 Folksonomy 来处理海量的微博信息已成为大势所趋。

5.3.1　大数据与 LDA 主题模型融合可行性分析

随着近年来微博的飞速发展，微博信息大数据特性越发显著，导致微博文本非结构化数据中噪声数据和无用信息激增，而原始 LDA 主题模型的文本主题提取对于文本间距离的要求严格，如此巨量的数据减缓了微博文本信息主题提取的速率，影响了实时推荐效果。因此，大数据与 LDA 融合是未来微博信息推荐系统发展必经之路。

(1) 大数据与 LDA 主题模型的融合可提升前端数据查全率。

随着微博用户量及微博信息量的海量化增长，微博用户及微博用户信息间的距离增大，且大量微博用户所发博文信息较少，平台活跃度低，导致信息冗余程度、用户数据稀疏程度增大，信息过载，微博信息主题提取过程中信息遗漏、信息缺失问题逐渐突显出来，极大影响了信息推荐精准度和查全率。针对上述问题，Gao 等采用矩阵分解、主成分分析等降维方法一定程度上解决了用户数据稀疏的问题，提升信息推荐精准性和效率[89]。但是诸如此类的降维方法在降低维度的同时将大量的微博用户信息过滤掉，降低了微博信息的完整程度，影响了最终的微博推荐精准度和查全率[80]。Hadoop 平台凭借其快速数据处理的优势受到了微博研究者的青睐，黄宇鹏等借助其分布式处理系统存储数据，微博信息可以随意存取，可将非结构化的微博信息以结构化的数据形式存储，易于后期 LDA 模型的主题提取[81]。同时，由于 LDA 模型是在大量样本集训练的基础上得到的，而分布式的数据存储对微博信息数据进行了备份，保存了多份副本数据，所以单个微博信息缺失、遗漏并不会影响最终的推荐精准度，从而较好地解决了微博信息查全率较低的问题，极大地提高了微博信息的安全性，确保前端数据存储的查全性，为后端微博信息主题提取提供完全数据支持。

(2) 大数据与 LDA 主题模型的融合可提升数据处理效率、推荐精准度。

随着微博用户激增，用户信息、文本等数据量随之剧增，信息过载、信息膨胀问题越发严重，微博信息的大数据特征更为明显，数据存取效率较低，相似度计算复杂程度、计算难度、计算成本成倍递增，计算效率大幅下降，微博推荐难度随之增大，微博信息的非结构化特性一定程度上降低了微博推荐的精准化程度，用户满意度逐级递减。孙金娟等认为目前的微博推荐系统海量信息处理能力不足的局限性已较为突出，主流 LDA 及其改良模型并不具备海量信息主题快速聚类及存取的功能，导致主题聚类难度加大，微博推荐精准度逐级降低，难以满足用户增长的信息推荐与用户推荐需求，制约了数据挖掘的有效性和平台推广前景[82]。由于 Hadoop 平台是在各个服务器上实时动态存取数据，从而确保整个服务器系统处于动态平衡之中，所以其信息处理速率极快。借助其超强信息存取功能即可实现微博信息的快速存取，提高信息存取效率。刘继等通过序化微博信息，减小微博信息间的距离，避免噪声数据与无用信息的干扰，实现微博数据初级过滤，合理表征微博信息，提升信息序化程度，优化数据处理时间[83]。在 Hadoop 数据处理基础上，借助 LDA 实现博文信息主题的快速提取，提高提取速率，计算微博信息主题相似度，最终完成精准化微博信息推荐，提升用户推荐满意度。

5.3.2 大数据与 LDA 主题模型融合具体方法

大数据与 LDA 主题模型的融合是未来微博信息个性化推荐的主流方向，

本书串行融合大数据技术与 LDA 主题模型,借助 Hadoop 平台实现微博信息数据的存储与预处理，在此基础上，利用 LDA 提取微博信息主题，即实现同类主题的聚类，最后达到微博用户信息推荐的目标，其串行融合流程如图 5.17 所示。

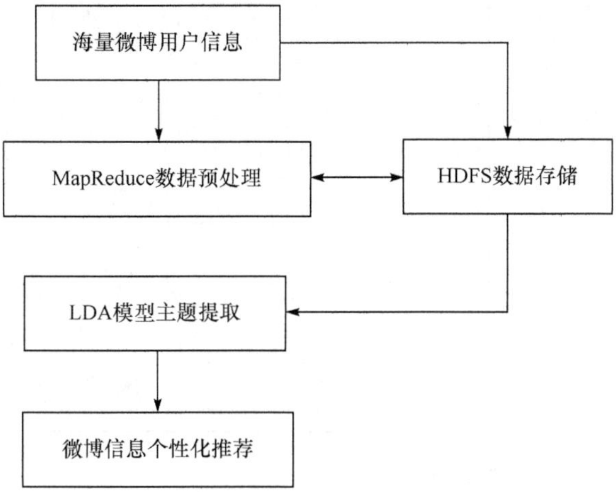

图 5.17　大数据与 LDA 融合推荐方法流程图

不难看出，大数据与 LDA 的融合分为两步：利用大数据技术实现微博信息的存储与预处理，实现微博信息的查全；借助 LDA 提取微博信息主题，实现微博文本信息主题聚类，确保微博信息查准，在此基础上达到信息推荐的目的。

(1) 利用大数据技术实现微博信息的广范围收集和初级过滤。

大数据环境下所衍生出来的 Hadoop 平台凭借其分布式的数据存储与数据处理优势得到了各行业的广泛应用,本书借助 Hadoop 平台中的 MapReduce 和 HDFS 子项目分别实现微博用户信息的预处理与存储，提升文本的安全性与完好性，从而使后期 LDA 主题提取得到有效的数据供应与配备，如图 5.18 所示。

① HDFS 组件微博信息存储。将微博平台中用户所发博文信息数据存储在 HDFS 系统中，其中包括一个 NameNode 和多个 DataNode，NameNode 负责定位微博信息的存储位置，对所录入的微博信息进行命名，为各个 DataNode 分配所录入的微博信息，最后将微博信息在 DataNode 中的存储路径进行保存。DataNode 主要职责是实时响应 NameNode 的数据存取命令，实时存储或提取出微博信息，NameNode 与 DataNode 二者之间通过心跳机制保持实时动态信息交互。HDFS 录入微博信息的同时对信息进行了多路径备份，分块保存微博信息，每一块系统默认大小为 64M,提高了微博信息数据的安全性、精准性、存取效率,易于 MapReduce 的数据预处理。

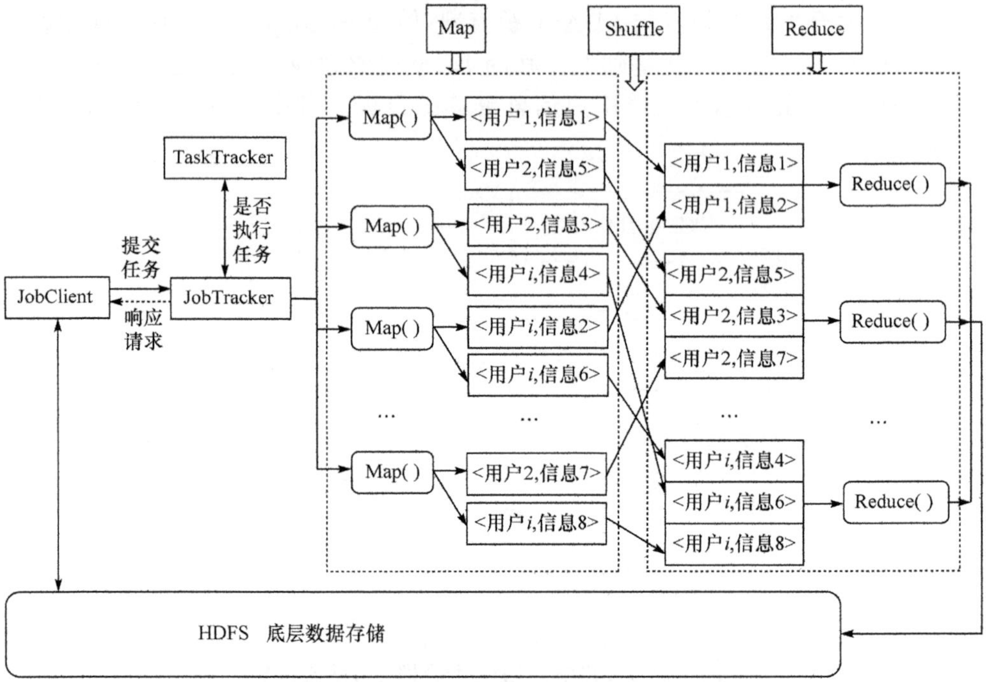

图 5.18 大数据前端数据存储与预处理机理

② MapReduce 组件微博信息预处理。通过上述微博信息在 HDFS 系统中的存储，确保了信息的可得性、安全性与完整性，在此基础上通过 MapReduce 实现微博信息的预处理。MapReduce 中的组件主要包括 JobClient、JobTracker、TaskTracker、MapTask、ReduceTask，其中 JobTracker 只有一个。MapReduce 收到微博信息预处理的请求之后，首先会通知 JobClient，这时 JobClient 向 JobTracker 发出微博信息预处理请求，JobTracker 收到任务请求后，将微博信息预处理任务进行分配，同时将分配后的任务传送给 TaskTracker，TaskTracker 再将微博信息预处理任务细分，调动多个 Map 任务，此时将 HDFS 系统混乱无序的微博信息进行了分割与序化，生成多个<用户 i，信息 j>键值对，此键值对表示了微博用户与其博文信息对应映射关系。当 Map 组件对数据分割与序化结束后，通过 Merge 组件将分割的键值对<用户 i，信息 j>进行合并，合并的依据是微博用户名，将同一用户的微博信息的键值对合并成一个大的键值对列表。此时 Map 过程的输出结果即是 Reduce 的输入，Reduce 对这些微博信息键值对列表进行进一步的处理，最后输出系统所处理后的微博信息。上述整个阶段的微博信息预处理都是在 NameNode 与 DataNode 实时动态交互基础上最终实现的。

(2) 利用 LDA 模型对微博信息主题提取和归类。

借助 Hadoop 平台的超强数据存取能力，实现微博信息的存储与预处理，将用户所发微博信息以键值对的形式进行了存储，达到提高微博信息完整性与存取效率的目的。同时，通过借助 LDA 模型最终实现微博信息主题聚类分析与推荐，详细推荐流程如图 5.19 所示。

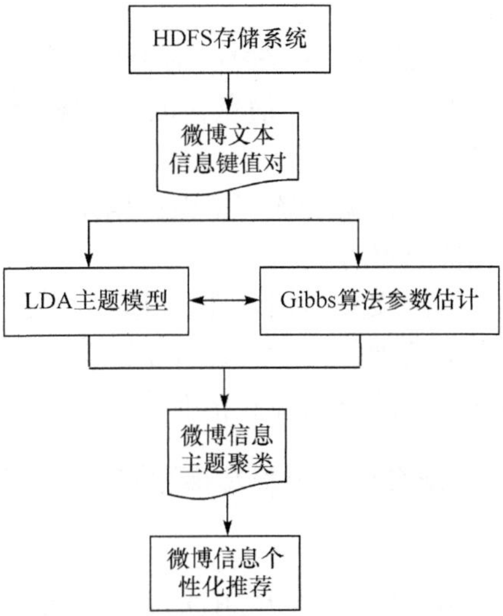

图 5.19　LDA 主题模型微博文本信息聚类

LDA 模型对微博文本信息主题提取的过程中，首先向 HDFS 存储系统发送数据提取命令，微博用户所发博文信息键值对列表提取出来后，通过利用 LDA 模型求取出各条博文信息的主题分布。在此过程中，利用 Gibbs 采样算法实现 LDA 主题模型中参数的估计与模型的求解，最终根据主题文本聚类结果实现微博信息的个性化推荐。

LDA 主题模型的处理流程如下。

① 发送数据提取请求。

② 提取微博文本键值对列表<用户 i，信息 j>。

③ 利用 LDA 模型计算海量微博用户文本信息主题分布。

如图 5.20 所示，θ 和 Z 表示隐含变量，而 W 表示具体某个词，阴影表示其值为可观测；假定微博信息集合是 D，其表示 M 条微博信息集合，同时每条微博信息 d 是由 N 个词组合而成的。

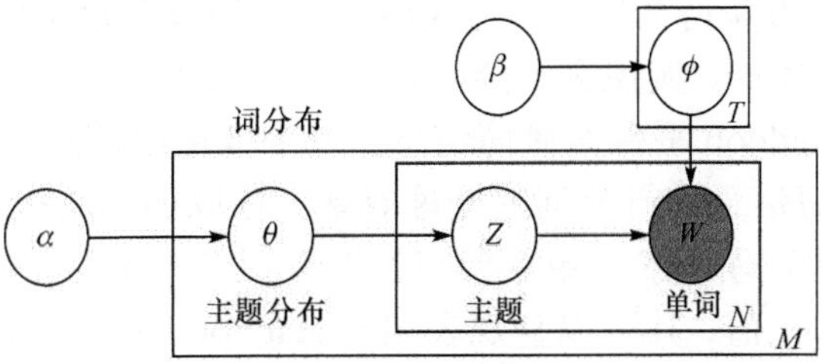

图 5.20　LDA 模型图

④ 利用 Gibbs 算法计算出主题以及词分布具体的后验分布，同时估计出其各个参数。步骤③中微博文本信息主题提取过程中最大的困难就是主题分布 θ 和词分布 ϕ 未知，本书采取 Gibbs 抽样算法估计出了两未知参数，解决了这两参数未知的问题。

⑤ 依据主题分布实现最终的文本聚类。对上述步骤③和④不断重复，直到遍历完微博信息文本集 D 中的 M 条文本信息，最后根据 M 条信息的主题分布实现文本信息聚类。

⑥ 微博信息个性化推荐。依据步骤⑤中微博信息文本聚类结果向微博用户推荐微博信息，实现精准化信息推荐。

通过上述大数据技术的博文文本预处理与 LDA 模型对博文的再次过滤，对微博文本信息的主题实现了精细化提取，提升了微博信息的存取效率与查询的准确度，从而确保最终信息推荐的有效性和精准化程度。

5.3.3 基于大数据与 LDA 融合的微博信息推荐方法的实证分析

(1) 实验环境。

实证分析过程中构建出 4 台 PC 机所组成的 Hadoop 集群系统，各个 PC 机的配置如下：处理器为 Intel(R) Core(TM)i5-4590 3.30GHz，内存 8.00GB，硬盘 500GB，操作系统为 Linux，实验工具为 Eclipse Mars.2 Release (4.5.2)、Hadoop-2.5.2、IDEA、ICTCLAS 分词系统、ROSTCM6 词频统计分析软件。

(2) 数据采集与处理。

研究数据来源于新浪微博网站，利用其 API 接口，借助 Java 开发软件 IDEA 实现爬虫代码编写，最终随机采取平台上 2017 年 12 月 24 日～2018 年 1 月 24 日内 60 万条博文信息数据，所采集的数据主要包括用户名、博文信息、粉丝数量、转发数量、评论数量、点赞数量等信息。通过去除重复数据与冗余信息，以及不必要的粉丝数量、转发数量、评论数量、点赞数量等信息，最终筛选出 48837 个用户的 10 万条博文信息进行实验操作。

(3) 大数据微博数据处理结果及效率分析。

在采集完数据并且对数据进行简单的去重降噪操作之后，选取上述筛选出的 48837 个用户的 10 万条博文信息进行实验操作。通过 Hadoop 平台的数据处理，合并同一用户微博文本，实现文本分词处理。

为了分析在 Hadoop 平台对微博信息的整合成微博信息键值对列表<用户 i，信息 j>以及对微博信息进行分词的处理效率，选取加速比指标来进行衡量。加速比是指同一数据处理请求在单个节点情况下以及多节点运行情况下整个过程所总共损耗时间的比值，其可以直观表述出 Hadoop 平台的信息处理效率，加速比=Ts/Tp，Ts 表示单个节点耗时，Tp 表示分布式多节点的损耗时间。

本次实验中主要评估了在分布式并行处理环境下，Hadoop 平台对<用户 i，信息 j>键值对的处理效率和微博信息的分词效率，分别测得单节点处理时间以及集群环境下的处理时间，最终测量结果如图 5.21 和表 5.1 所示。

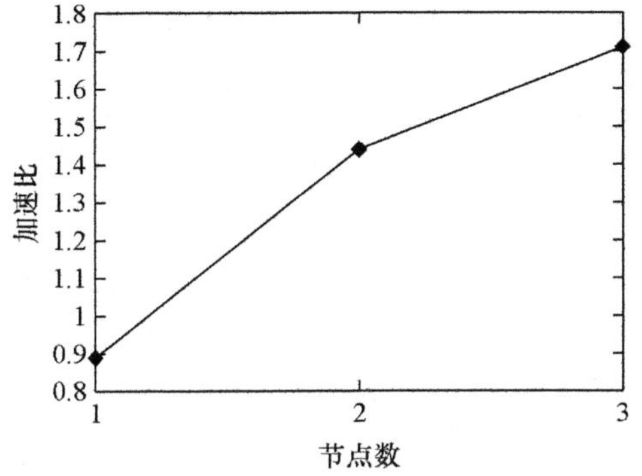

图 5.21　微博键值对及分词处理加速比

表 5.1　微博键值对及分词处理时间及加速比

实验环境	节点数	时间/s	加速比
单机	单节点	368.2	—
分布式	1	413.7	0.89
	2	256.1	1.44
	3	214.9	1.71

通过实验结果不难看出，分布式集群环境下 1 个节点的加速比小于 1，其主要是由网络传输和数据读写过程造成的，而随着节点数的增加，Hadoop 平台下微博信息的处理效率得到了极大的提升，加速比增加，并且加速比数值越来越大，博文信息键值对及博文信息分词效率明显提升。从而进一步说明节点数越多，系统并发处理效率更高，微博信息分布式处理的精细化程度更高。

(4) 大数据与 LDA 融合推荐效果分析。

借助 Perplexity 的值测度大数据与 LDA 模型融合后模型的性能，从而评估模型的优劣。Perplexity 的值常用来评测模型对于数据处理的性能，其结果越小，则代表 LDA 对于主题聚类能力越强。

$$\text{Perplexity}(D) = \exp\left\{-\frac{\sum_{i=1}^{m} \ln p(d_i)}{\sum_{i=1}^{m} N_i}\right\} \tag{5.12}$$

其中，D 为博文信息测试集合，m 为测试集 D 里博文信息数量，N_i 为博文信息 d_i

里所包含的单词数。设定相同的参数后，借助 Perplexity 的值测度模型的性能，通过计算得到大数据与 LDA 融合模型与普通 LDA 模型的 Perplexity 值如图 5.22 所示。

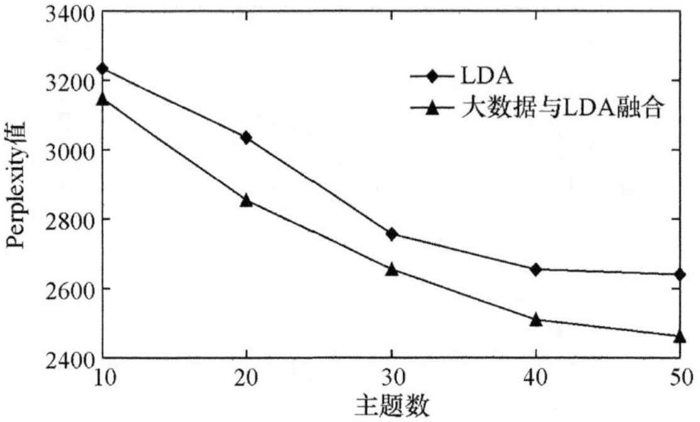

图 5.22 Perplexity 值对比

从实验结果不难看出，大数据与 LDA 融合后的模型 Perplexity 值明显低于 LDA 模型，进一步说明大数据与 LDA 融合后的模型性能优于标准 LDA 模型，二者的融合一定程度上提升了微博信息的处理能力与精准度。

5.4 大数据和微本体技术融合的微博信息推荐研究

微博信息匹配是信息推荐的基础，根据微博自身的特点，建立用户微博信息微本体和主题微本体进行匹配，能够有效提高微博信息匹配的效率和精准度，从而让用户获取信息更加便捷，获取到的信息内容更接近自己的需求。采用普通的方法构建微本体来进行微博信息匹配和信息推荐显然无法满足庞大的微博用户微博群体和微博信息数据。因此，采用新的技术来提升用户微博信息微本体构建的效率，提升微本体匹配精度，进一步完善微博信息个性化推荐就显得尤为重要。

5.4.1 大数据和微本体融合的微博信息推荐机理

用大数据技术代替传统的 Folksonomy 来处理海量的微博信息已成为大势所趋。下面将介绍微博信息提取技术、大数据和微本体融合的具体方法。

(1) 微博信息提取技术。

微博是国内最大的语料库之一，如何获取微博信息对微本体的构建和微本体的匹配有着十分重要的意义，同样，微博信息推荐离不开微博信息提取技术的支撑。目前，互联网中成熟的信息提取技术如网络爬虫，已经广泛用于互联网数据的搜索和采集。具体的微博信息爬虫过程如图 5.23 所示。

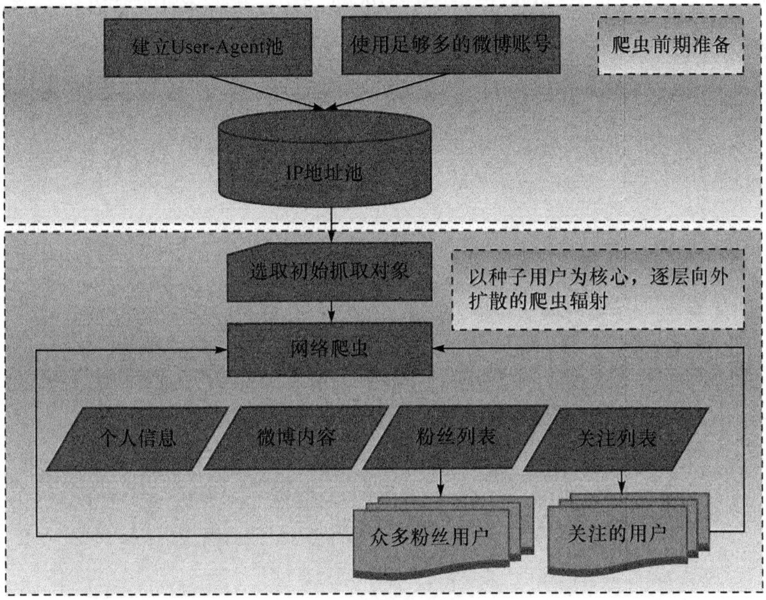

图 5.23 微博信息爬虫过程

首先，要建立 User-Agent 池，在进行爬取信息时，每次选择一个 User-Agent 作为新的用户代理；其次，要有足够多的微博账号，避免因使用同一账号频繁访问导致封号现象发生；最后，需要构建 IP 地址池。这些准备工作全部就绪以后，首先选取一个或者多个种子用户作为初始的对象，对种子用户的全部微博内容、粉丝列表和关注列表进行抓取；然后，爬取种子用户的关注列表和粉丝列表，将列表中的用户作为新的爬虫对象，继续进行爬虫。由此就形成了以种子用户为中心，逐级向外扩散的爬虫辐射。理论上，只要对一小部分用户进行爬虫，即可爬取全网的微博。微博信息爬虫工作完成以后，将爬取的微博信息存储到文本文件中，为下一步的微本体构建和微本体匹配做准备。

(2) 大数据和微本体融合的具体方法。

大数据技术可以处理微博的海量数据，而微本体技术作为信息组织阶段的重要手段，在信息匹配方面具有优势，因此，将二者进行结合可以对微博信息推荐提供新的思路。大数据技术与微本体匹配技术融合后的方法可以解决海量微博用户推荐的难题，也可以优化微博信息个性化推荐。具体的结合思路是利用 Python 语言进行海量微博信息的爬虫，爬取微博信息，使用 Hadoop 平台实现微博信息的存储与预处理，利用预处理后的微博信息构建出用户微博信息微本体和主题微本体，并实现二者的微本体匹配，最终达到微博信息个性化推荐的目的。该微博信息推荐流程如图 5.24 所示。可知大数据和微本体融合分为三步：第一步是利用大数据技术进行微博信息的存储和预处理；第二步是借助大数据技术进行用户微博信息微本体和主题微本体的构建；第三步是利用微本体匹配技术进行用户微博信息微本体和主题微本体的匹配，在此基础上借助主题微本体实现微博信息的推荐。

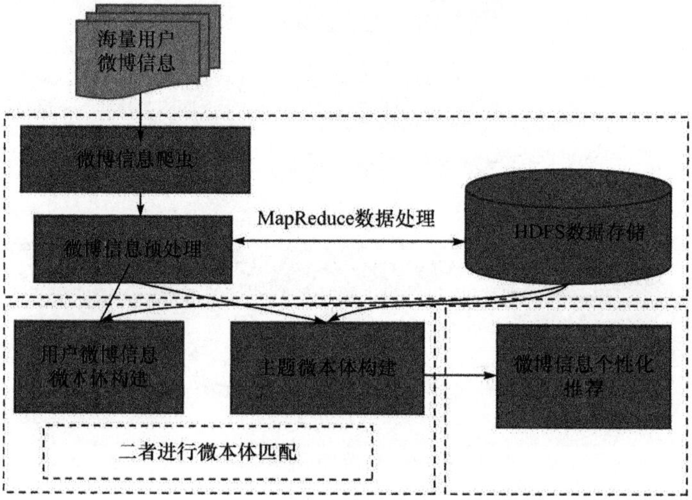

图 5.24　大数据和微本体融合的微博信息推荐流程

5.4.2　大数据与用户微博信息微本体融合的微博信息推荐方法研究

(1) 用户微博信息微本体的构建。

本体简化后形成的微本体具有“概念、属性和实例”的框架，微本体技术诞生后对本体构建过程进行了合理简化和优化，其简单清晰的结构易于操作和控制，为微博信息匹配和推荐打下了基础。结合大数据技术和微本体构建方法，本书提出一种如图 5.25 所示的高效的用户微博信息微本体的构建方法，具体方法如下。

① Python 微博信息爬虫。在构建用户微博信息微本体时需要注意，要想构建大规模的用户微本体，理论上需要对每一个用户的微博信息进行单独存储。因此，在爬虫时，需要同时开启多个种子用户的爬虫，同时进行多个爬虫任务，并将关注列表和粉丝列表的用户列入新的爬虫任务当中，一直循环下去，这样才可以得到较为全面的微博信息。爬虫任务结束后，将爬取到的不同用户的微博信息分别存储到文本文件中，导入 Hadoop 平台的 HDFS 组件中。

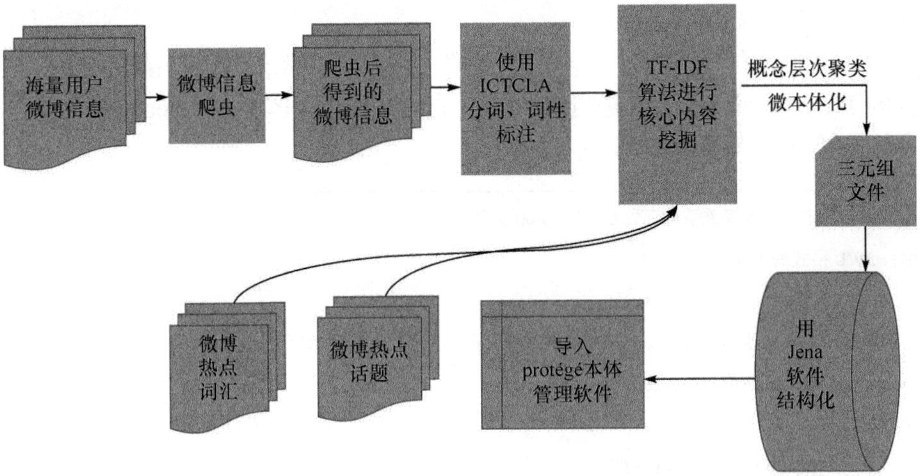

图 5.25　用户微博信息微本体的构建过程

② ICTCLA 分词、词性标注。爬虫后得到的微博信息是原始的博文信息，词性较为混乱，无法明确各词性的属性，因此，爬虫得到的微博信息除了利用 MapReduce 进行预处理外，还需要运用分词处理工具 ICTCLA 进行微博信息的原始语料分词、词性标注和去重降噪处理，处理后的微博信息即可作为微本体构建的信息。

③ 用户微博信息核心内容挖掘。步骤②处理后的用户微博信息中存在大量的微博热点词汇、热点话题以及相关的概念，要将这些微博信息进行核心内容的挖掘，将同一领域内的热点词汇、热点话题和相关概念进行合并，确定每个领域的核心概念。采用 TF-IDF 算法对热点词汇及热门话题进行核心概念挖掘。TF-IDF 算法是特征加权方法中的一种，TF(Term Frequency)是指特征项(概念)在文档中出现的次数，IDF(Inverse Document Frequency)是对概念在文档集分布情况的量化。TF 与 IDF 的联合公式为

$$\mathrm{Weight}_{\text{TF-IDF}}(t)=\mathrm{tf}(t)\times \mathrm{idf}(t) \tag{5.13}$$

然后要进行 TF-IDF 的归一化处理，计算公式为

$$\mathrm{Weight}_{\text{TF-IDF}}(t_i)=\frac{\mathrm{tf}\times \mathrm{idf}_i}{\sqrt{\sum_{j=1}^{n}\mathrm{tf}\times \mathrm{idf}_j^2}} \tag{5.14}$$

其中，n 为类别 i 中概念的数量。

④ 概念层次聚类。步骤③中核心概念抽取完成后，需要对这些概念进行进一步的层级关系处理，也就是要对这些概念进行层次聚类，并以三元组文件形式保

存概念之间的关系。

⑤ OWL 本体结构化。将步骤④中确立的等级关系通过 txt 读取出来，利用 Jena 的 Java API 将 txt 文件进行转化，变成 OWL 微本体文件。Jena 形式化 OWL 微本体的算法示例如图 5.26 所示。

```
输入：保存概念及其等级关系的三元组形式的 txt 文件
输出：OWL 格式的本体文件


1) 调用 Jena API，建立本体模型，该模型使用 OWL 语言
OntModel m=ModelFactory.createOntologyModel();
2) 本体命名空间 URI
String URI= "http://owl/KJOntologies#" ;
3) 按行读出 txt 文件 record
while((record=readLine(txtFile))!=EOF);
4) 将三元组的三个词条保存在 fields 数组中
String fields[]=record.split( "" );
OntClass C3=m.creatClass(URI+fields[0]);
5) 第一个词条转化为 Class
OntClass C3=m.creatClass(URI+fields[2]);
6) 第三个词条转化为 Class，第二个词条转化为 ObjectProperty
if(fields[1]是对象);
7) 创建对象属性
ObjectProperty op=m.createObjectProperty(URI+fields[1]);
else;
8) 第二个词条转化为 DataProperty
DataProperty dp=m.createObjectProperty(URI+fields[1]);
C1.addProperty(op, C3); //添加数据属性
9) 将内存本体写入 OWL 文件中
owlFile.write(m);
10) 返回 OWL 文件
return owlFile
```

图 5.26　Jena 形式化 OWL 本体的算法示例

⑥ protégé 可视化处理。步骤⑤获取的 OWL 用户微博信息微本体可以使用 protégé 软件打开，查看微本体的内容和结构。同时，可以利用 protégé 软件的编

辑功能对用户微博信息微本体进行进一步处理，完成用户微博信息微本体的扩展和微调。

(2) 大数据技术下的主题微本体构建。

用户微博信息微本体的建立工作量巨大，建成以后，需要构建主题微本体作为微本体匹配的标准库，以主题微本体作为标准库实现微本体之间的精准匹配。

(3) 基于微本体匹配的微博信息推荐。

基于微本体的微博信息推荐的核心环节是微本体之间的匹配。用户微博信息微本体和主题微本体建成以后，运用图匹配算法进行匹配。将相似度接近于 1 的用户微博信息微本体和主题微本体进行匹配，此过程即用户和主题微本体之间的匹配过程，匹配完成后，用户与主题的推荐工作随之开始。接下来，将匹配后的微本体进行组合，每个主题微本体对应若干个用户微博信息微本体，这些用户微博信息微本体作为该主题微本体的实例层存储于用户实例库中。具体的用户微博信息微本体和主题微本体匹配机理如图 5.27 所示。

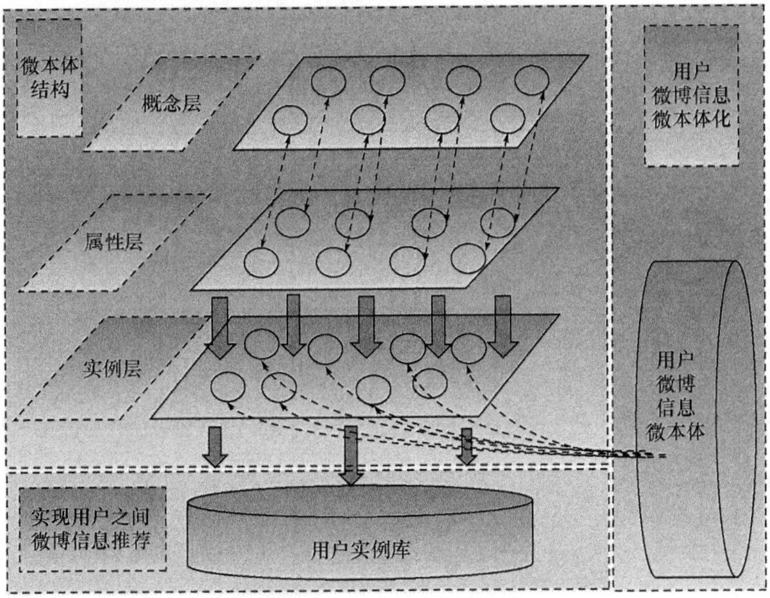

图 5.27　用户微博信息微本体和主题微本体匹配机理

5.4.3　基于大数据和微本体的微博信息推荐方法的仿真验证

(1) 仿真工具及实验环境。

爬虫语言采用 Python 3.6；开发环境为 64 位 Windows7 系统，内存 8GB；数据库为 MongoDB 3.2.0；Python 编辑器采用 Pycharm；MongoDB 管理工具采用 MongoBooster 1.1.1。构建 4 台 PC 机所组成的 Hadoop 集群系统，使用 Hadoop-2.5.2、IDEA 和 ICTCLAS 分词系统进行微博信息的处理。

(2) 数据的采集与处理。

使用 Scrapy 爬虫框架，进行新浪微博 wap 站爬虫。运用 Hadoop 平台的数据处理功能，合并同一用户微博文本，同时使用 ICTCLA 实现文本分词处理。

(3) 大数据技术下微本体的匹配效果分析。

为了验证大数据技术下微本体的匹配效果，选取具有代表性的汽车领域作为实验对象，并选取与汽车领域相关的用户，采用基于大数据的用户微博信息微本体构建方法进行微本体的构建。

以微博用户“汽车之家”为目标用户，构建了该用户微博信息微本体，进行汽车主题微本体的构建，可视化处理后的主题微本体和用户微博信息微本体如图 5.28 和图 5.29 所示。运用 Falcon-AO 进行微本体之间的匹配，匹配结果如图 5.30 所示。

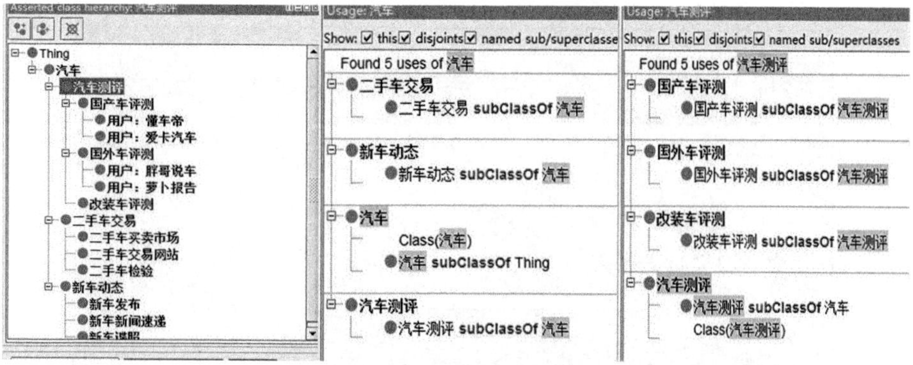

图 5.28　主题微本体模型

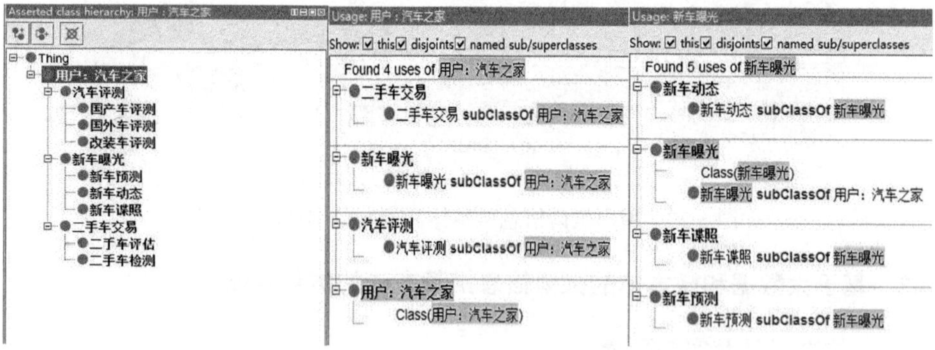

图 5.29　用户微博信息微本体模型

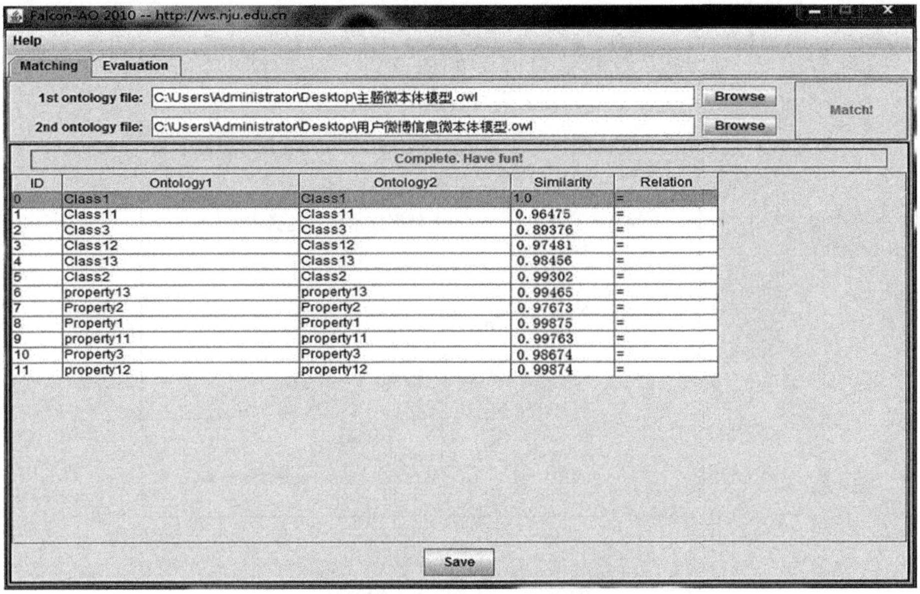

图 5.30　微本体模型匹配结果

微本体模型匹配结果证实了利用大数据技术构建的微本体之间进行匹配是可行的，这就为海量的主题微本体和用户微博信息微本体之间的匹配奠定了理论基础。匹配之后的用户信息微本体作为与之匹配的主题微本体的实例层进行存储，从而构成用户实例库，通过实例库中用户的互相推荐和主题信息的推荐来实现微博信息的个性化推荐。

(4) 大数据技术下主题微本体模型的推荐效果分析。

为了验证大数据技术下主题微本体的推荐效果，将基于大数据构建的主题微本体推荐模型与普通的基于微本体和 LDA 融合的模型进行比较，借助 Perplexity 值测度二者的主题聚类能力，从而判断二者的推荐效果，评估大数据技术下主题微本体推荐模型的优劣。

从图 5.31 的实验结果不难看出，基于大数据构建的主题微本体推荐模型的 Perplexity 值明显低于基于微本体和 LDA 融合的模型，进一步说明基于大数据的主题微本体模型性能优于普通的基于微本体和 LDA 融合的模型，提升了微博信息的处理能力与精准度。

随着近年来微博的普及，微博信息冗余和过载现象越来越严重，加上广大用户对微博信息推荐需求不断提升，推荐方法的革新显得尤为重要。本书提出了大数据与用户微博信息微本体融合的方法，首先利用大数据方法处理海量的微博信息；然后利用微本体构建技术构建主题微本体和用户微博信息微本体，将二者进行高效匹配，根据大数据技术下的主题微本体模型进行微博信息的精准推荐。最后根据以上理论进行了基于大数据和微本体的微博信息推荐模型效果的实验验证。这种方法为今后增强微博信息匹配的语义性、实现精准化的微博个性化信息推荐打下了理论基础。

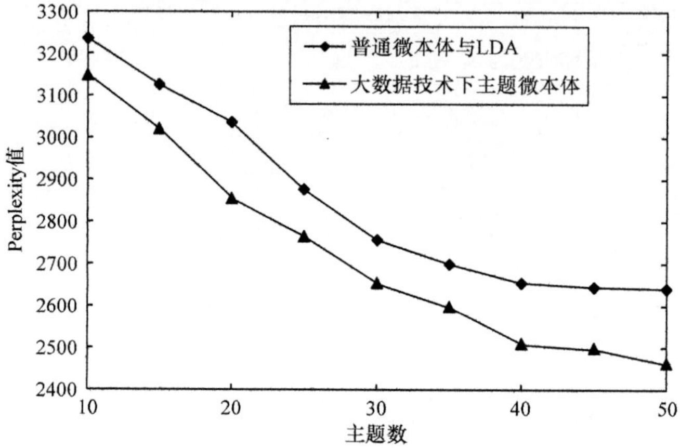

图 5.31　Perplexity 值对比

第 6 章　微博信息生态化管理策略

本章基于信息生态视角为今后的微博信息管理在信息组织、信息传播和信息推荐三个方面分别提出建议对策。

6.1　微博信息组织阶段的生态化管理策略

(1) 优化微本体构建过程，实现微博信息精准匹配。

微博信息组织阶段过程中，要实现健康的微博信息生态环境，就需要对微本体构建过程进行优化。在微本体的构建过程中，依然存在诸多问题，例如，数据清洗过度导致信息语义部分缺失、主题微本体构建关键词偏离、用户微博信息微本体代表性不强等。这些问题都是微本体构建过程不够完善导致的。在前期过程中，需要对微博标签预处理过程进行优化、清洗、去噪、去重后得到优化后的微博标签信息，以优化后的微博标签为数据源进行主题微本体的构建。用户微博信息主题微本体的构建同样需要优化其构建过程，优化目标用户微博信息博文预处理工作，将目标用户的所有博文信息进行整合，整合成微博信息文本，在整体微博信息文本中，进行标签的抽取，然后标签聚类分析，确定其间的层次关系，为形成的微本体概念命名，将净化过的标签作为属性，结合文本信息优化结果，得到目标用户主题微本体原型。优化后的主题微本体和用户微博信息微本体的匹配将会提升微博信息组织过程中微博信息匹配的精度。

(2) 完善数据采集方法，优化微本体自动化构建。

由于目前技术的局限性，在进行微本体图匹配算法实验时只选取了部分领域的测试集进行匹配实验，并且在微本体的构建方面还无法实现大规模的自动化构建，这就使微本体图匹配算法无法应用于大规模的微博信息匹配。所以，微博信息组织过程中需要采用大规模的数据量，对微博信息进行大规模的采集，才能实现精准度较高的微博信息匹配，可以借助 Hadoop 平台的功能优势序化微博数据信息，减小微博文本信息间的距离，剔除无关信息的干扰，降低微博无关信息干扰的波动程度，实现微博文本信息的合理有效表征，从而提升微博信息存取速率与有序化程度，从而在数据采集方面提升数据量级，为实现微本体大规模自动化构建打下基础。

(3) 明确微博信息标签提取方法，完善数据清洗和优化。

微博信息标签提取是微本体构建的重要一环，明确微博信息标签的提取方法可以为微博信息组织中的信息匹配提供帮助。首先对爬虫后的数据进行预处理，选出候选标签，同时选择含义明确、清晰的词建立候选词表，根据候选词表生成预选标签和最终标签。选定待生成标签的用户之后，对用户与用户关注的人以及用户的粉丝微博进行预处理，从微博中提取出特定的特征词，再用 LDA 对特征词进行建模，之后生成用户的主题-语词概率分布与用户相关的主题-语词概率分布，将用户的主题-语词概率分布与候选标签匹配生成预选标签，最后由用户相关的主题-语词概率分布来对预选标签进行控制从而生成标签。微博标签生成以后，利用 Python 中的 LDA 工具包对标签进行进一步优化，根据各用户标签词出现的频率确定最终标签。明确微博信息标签提取方法，对数据清洗和优化方法进行完善，为微本体的匹配做好前期工作。

(4) 与大数据技术融合，发挥微本体匹配优势。

微博信息组织过程中的微博信息匹配准度与效率的要求逐步提升，现存的微博信息处理系统很难满足这些需求，大数据技术衍生出的 Hadoop 平台的出现则完美地契合了这一要求。主要表现在大数据技术的出现为海量数据的高效化处理提供了可能。此外，大数据技术同样可以应用于微本体构建的前期阶段，利用 Python 进行微博信息爬虫，选取种子用户作为初始的对象，对种子用户的全部微博内容、粉丝列表和关注列表进行抓取；然后，爬取种子用户的关注列表和粉丝列表，将列表中的用户作为新爬虫对象，由此就形成了以种子用户为中心，逐级向外扩散的爬虫辐射。大数据技术与微本体融合将会为微本体的大规模构建提供技术支撑，最大限度地发挥微本体匹配的优势，最终实现提升微本体匹配精准度和效率的目标。

(5) 逐步探索微本体架构的合理化构建方案，增强语义互联。

微本体架构的优劣影响微本体匹配的精度和效率，影响信息组织阶段微博信息的语义互联。因此，在构建微本体时，应当根据微博的特征选取合适的微本体架构进行深度优化，逐步探索该微本体架构的优化方案，避免重复构建微本体架构导致的效率低下。此外，提升微博信息的语义性离不开微本体架构的合理性，同时微博匹配算法的实施也依赖于合理化的微本体架构。

6.2　微博信息传播阶段的生态化管理策略

随着近几年微博的普及及微博用户职能的显著化，微博信息传播过程的生态性逐渐体现出来，系统中各个角色之间的转换尤为重要，而微博信息传播生态系统的健康运行更是各个微博用户角色在环境因素影响条件下协同配合的结果。因此，各个微博用户角色应明确自身职能与角色界限，在各个角色转换过程中精准定位，把握信息传递流向、协调配合，促进信息的健康传递，如图 6.1 所示。

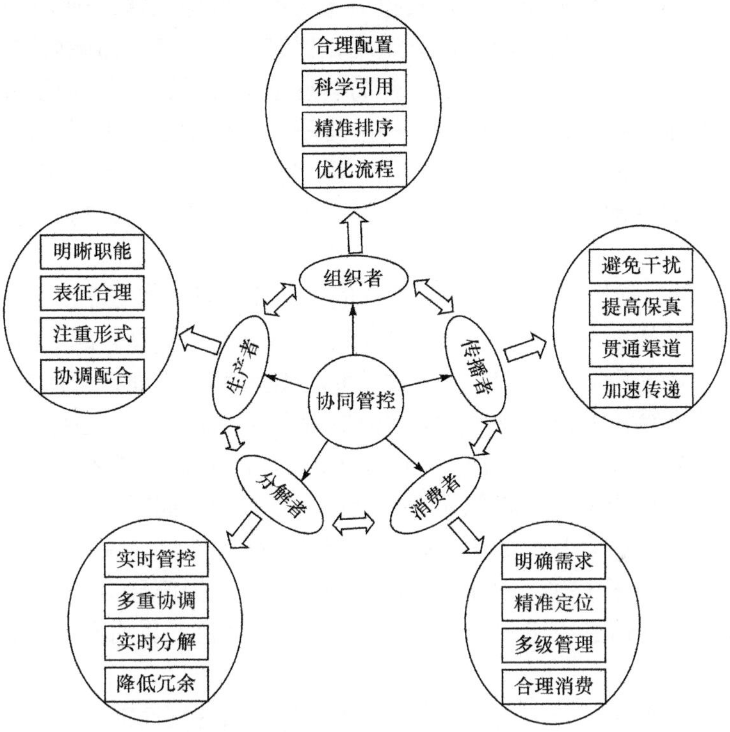

图 6.1　微博用户信息角色对策建议

(1) 微博信息生产者——挖掘信息需求，合理表征信息内容。

微博信息生产者作为整个传播生态系统起点，其所发布博文信息优劣程度直接影响着传递、消费与生态系统动态平衡，在生态系统中处于核心地位。因此，微博用户信息生产者应净化自身思想，明确自身博文信息生产者职能，提升职业道德，培养职业素养，遵循网络信息规范，服从微博网站的统一管理，避免散布以虚假、垃圾、淫秽为内容的微博信息，从根源上减少信息污染，提升发布信息的健康性，保证微博所传递信息的质量。同时生产者应挖掘消费者信息需求，合理表征微博内容，以用户感兴趣形式散布信息。微博信息生产者还应注重账号安全防护，加强作为系统发起者的职能意识，注重与其他节点的协调配合，增强自身的网络安全意识，预防黑客的病毒式攻击，保障所发微博信息的真实性、安全性和可得性，从起点上削减冗余信息，避免阻塞状况出现。

(2) 微博信息组织者——重视自我转发，适时把握发布节奏。

微博信息组织者是驱动微博信息传播生态系统信息传递加速的重要角色，通过标引话题起到合理微博信息传递作用。普通用户组织者在创建话题过程中，应注重所创话题的科学性、合理性和实用性，提升话题与博文的匹配度。同时，若引用微博热门话题，需响应生产者发布信息内容，合理配置，科学引用，注重完善信息自我转发机制，提高博文信息热度，促进信息传递。而微博网站等专业信息组织者需优化系统分类组织算法，精简信息组织流程，合理创建话题，构建完善的话题组织排序机制，分类处理，精准排序，简化话题引用程序，优化话题与博文匹配流程，从而使话题创建科学化、话题引用合理化。最终在微博信息引用或创建新话题的基础上，注重话题实时性，提升微博信息的影响力与感染力，加速传播进程。

(3) 微博信息传播者——提升信息价值，加速信息转发效率。

微博信息传播者是微博信息传播生态系统信息的中转站，起到承上启下的中介作用，信息的病毒式传播取决于传播者的传递效率。因而，微博信息传播者需依靠网络、信息等相关智能技术，明晰消费者需求，注重与上至生产者、组织者，下至消费者、分解者的协调配合，施行先进的网络、信息等技术，明确传递职能，提升传播者信息传递意识，降低人为、硬件因素影响。同时，信息传递过程中，传播者应加快信息在自身的传递速率，突出信息传递职能，保持传播主体用户独立性，减少外界因素干扰，确保信息保真性，避免残损信息出现，做到以消费者需求为指引，引导信息传递，实时更新，保障传播通道的贯通性，降低信息拥挤、堵塞显现率。

(4) 微博信息消费者——关注信息质量，提升信息定制能力。

微博信息消费者需求是信息传递的内在驱动力，决定着最终的动态平衡。随着娱乐宗教化程度的逐渐深入，粉丝盲目消费现象日益严重，出现众多粉丝恶意转发、点赞、评论、关注现象，阻碍了系统动态平稳运行。因而，消费者应明确自身信息诉求，精准定位，定制化自身需求，提升自身信息消费素养，优化信息需求的质量，注重信息质量，防止信息崇拜用户的出现，避免信息的滥用、误用、破坏、多次重复转发等恶意消费现象。同时，重视组织者、传播者的消费特性，合理表征信息需求，注重协调管控，定制化消费需求，多级管理，达到信息需求精准化，信息消费合理化，从根本上提升微博信息价值，实现微博信息合理的选择性消费，升华其价值。

(5) 微博信息分解者——降低信息冗余，实现多方协同管控。

微博信息分解者的分解机制是保障生态系统平稳运行的根本驱动力，是微博信息传递的终端节点。随着网络信息逐渐发达及微博普及程度的迅速提升，微博信息海量化，信息分解的不及时导致了整个生态系统信息冗余、信息污染现象严重，减缓了系统动态平衡速率。作为生态系统分解的主体，分解者需发挥自身协调管控优势，实时监管，协同微博网站、政府舆论监督部门，多重协调，注重分解的及时性，实现淫秽、污染、虚假、病毒等信息资源的实时分解，从而降低生态系统中信息的冗余程度，减少污染现象，促进系统循环往复动态平稳运行。同时，在分解过程中，应加强自身安全防护意识，避免微博信息的二次污染与二次传播，保障循环的稳定运行。

6.3　微博信息推荐阶段的生态化管理策略

国内外学者对微博信息推荐方法和模型都有了深入的研究，研究方向也越来越广泛，微博信息个性化推荐的效果目前也已经得到了大幅度的提升。但是，目前应用最广泛的 LDA 推荐模型严重依赖于源数据的数据质量，而大数据背景下微博信息的海量化给 LDA 模型带来了更大的难题，因此，LDA 模型与大数据技术融合已成为发展趋势。在微博信息推荐阶段，需要从各角度考虑精准化和个性化目标的实现方法，现从生态化管理角度提出以下策略。

(1) 在微博信息推荐中提倡大数据与 LDA 的融合。

微博文本数据近些年来呈现出几何级数的增长态势，LDA 主题模型越来越繁杂，微博数据质量难以提升。在信息推荐的过程中，前端的微博数据质量低会对后续微博信息推荐造成极大的负面影响，不利于微博信息推荐精度和效度的提高。因此，微博信息推荐应该将大数据技术和 LDA 模型深度结合，具体而言就是借助 Hadoop 平台子项目超强的信息存取能力，加上 LDA 模型本身的推荐能力，二者结合为实现微博信息的精准化推荐实现了可能。同时，LDA 对于非结构数据的结构化处理有着巨大的优势，可以为微博信息的前端快速存取提供可能，提升微博冗余信息的有效处理能力。在微博数据关键点缺失的情况下，Hadoop 平台的多备份存储能力可以极大降低单个博文信息缺失对于微博信息推荐模型的影响，这就可以提升微博信息前端数据采集效率，提高存储的查全率。

要想实现微博信息推荐模型推荐查准率的提升，完全可以借助大数据技术和 LDA 主题模型的深度融合，具体方法就是利用大数据技术的 Hadoop 平台，进行微博数据信息的优势序化，将微博文本信息之间的距离减小，将无关信息的干扰降到最低，从而实现低干扰波动，提升微博信息的有序化效果和信息存储的效率。最后，利用大数据技术处理能力，训练 LDA 主题模型，提升微博信息概率分布的计算能力，实现微博文本信息主题的有效聚类，从而不断提升推荐模型的查准率。

(2) 在微博信息处理过程中因时制宜选择节点数。

微博信息的海量化增长导致微博信息的处理过程难度剧增，海量微博信息的有效化处理成为难题。在前端处理的过程中，分布式节点数的影响是必须要考虑的因素，分布式节点数量越多，在相同等级的数据量的情况下，前端数据处理的效率就越高。因时制宜的选择分布式集群节点个数是 Hadoop 平台信息处理的重中之重，具体而言，要根据微博信息文本数据量的多少选择分布式节点的数量，选择出合适、有效的数量简化分布式集群的搭建难度，这样就可以减少设备资源的过剩和不必要成本的增加，也在很大程度上提升微博信息推荐模型与 Hadoop 平台的数据处理效率。此外，在工作效率和操作成本共同影响下，应该尽可能地增加 Hadoop 平台中分布式集群节点的个数，使网络阻塞现象减少，提升系统的数据存储能力，提高数据吞吐量，最大化地提升微博信息文本的分词效率，使微博信息分布式处理朝着精细化程度发展，改善微博平台的推荐能力，同时从整体上降低不必要的成本开支。

(3) 提高数据源规模来充分发挥大数据平台优势。

大数据技术的出现可以解决海量数据处理难的问题，海量微博数据的微秒级处理可以在 Hadoop 平台下实现高效处理，极大缓解了微博信息平台的信息处理压力。目前微博平台中用户日均发布数量巨大，单从微博的数量来说，每天发布的博文信息数量在 1 亿条以上，用户之间的转发、评论、点赞等各种互动更是能达到 10 亿次以上。面对如此巨大微博数据，Hadoop 平台同样能够快速高效处理，其分布式集群节点可以序化处理巨大的微博数据。Hadoop 平台针对不同数量级的微博信息，其处理效率也不尽相同，在同一分布式集群节点数量下，博文信息量越大，其分布式集群节点数据处理效率提升效果更为明显。

此外，大数据分布式集群环境平台搭建成本是与节点数息息相关的，分布式集群节点数越多，其搭建的成本就越高。在一般情况下，平台针对海量数据的处理都会设定出固定且合理的集群节点数，因此，必须提升博文信息量才能到达最大化的分布式数据处理优势。从另一个角度来看，微博源数据量的增大代表着文本信息处理的空间也随之变大，在进行预处理操作以后，剔除冗余与噪声数据，处理空间所保留的信息量会更大，如此一来，信息源的质量也必将提升，最终将信息推荐的精准度与推荐质量提升到一定的高度。在利于大数据技术时，要考虑微博信息前端的处理。考虑到数据源规模的大小。在处理的过程中，本着同一集群环境微博信息量最大化的原则，将 Hadoop 集群环境下分布式节点的数据处理优势最大化，使各个分布式节点均能物尽其用，避免节点资源的浪费。

(4) 在不同情景中选择不同 LDA 模型与大数据技术进行融合。

LDA 模型适用于长文本及数据量大的数据处理，对于文本较短数据的处理能力稍显不足。对于短文本的缺陷，国内外学者在 LDA 主题模型的基础上提出了若干改进及派生模型，但是改良后的各个模型的侧重点不同，推荐效果自然也存在着很大的差异，但这些推荐效果不同的模型都可以与大数据技术进行融合，从而实现不同的推荐方向和精度。举例说明，RB-LDA 模型与大数据技术的融合可以研究微博用户好友间的关系，可以对用户文本信息主题的聚类；MB-LDA 侧重于研究用户联系人及其博文信息间相互关系则可选择，但同样需要其与大数据技术融合；RT-LDA 充分聚焦微博用户的转发关系，在此背景下与大数据技术进行融合可以实现精准推荐；C-LDA 聚焦微博用户转发者与被转发者的相互间影响，与大数据技术融合后达到信息推荐的目的；User-LDA 主题模型与大数据技术进行融合聚焦微博用户偏好度，此模型可以实现海量微博用户的二级好友精准推荐。

由此可以得出结论，LDA 和不同的改良模型侧重点和功能的确存在较大的差别，但各有其优势和劣势，在与大数据技术融合后，前端数据的处理结果与不同的 LDA 模型相结合，可以实现不同目的的微博信息推荐，产生不一样的推荐效果。在微博信息推荐机理的研究中，用户的实际需求背景十分重要，用户的需求直接影响模型的选择，因此要深入分析用户需求与实际操作场景，选取适合用户需求的模型与大数据技术融合，符合用户使用情境，构建功能合理完善、目标性强的微博信息推荐系统，最终实现微博用户信息的精准化、高效化推荐。

(5) 在 LDA 与大数据融合中应提升主题数。

LDA 主题模型的求解过程是模型使用的重中之重，其核心步骤为三步：一是对单个文档的主题分布中抽取一个主题；二是从上述被抽到的主题中，寻找所对应的单词，再从单词分布中抽取一个单词；三是重复上述两步的过程，直至遍历文档中的每一个单词。要预先设定合理的主题数，然后在上述整个流程中对文本-主题与主题-词概率分布进行处理。处理完成后，再对未知参数进行重复训练迭代，直至对单一文档中的所有有效词语进行全部遍历，确定出每个词语的概率分布，最终计算出模型中未知参数的概率分布，实现未知参数的求解。上述所有的流程结束以后，就可以对全部的微博文本信息进行分词和输入，最终即可实现固定主题数下的文本聚类。可以得出结论，LDA 模型的训练过程中，主题数的大小与模型实验的混淆度值具有密切的关联，会直接影响着模型最终的推荐效果与精准度。总结起来，主题数越大，模型的混淆度值越低，模型的最终推荐精准度越高。

因此，在大数据技术和 LDA 主题模型融合的背景下，大数据技术处理前端数据结束以后，LDA 的主题训练十分重要，但注意在其训练和求解的过程中要尽可能增加预先设定的文本主题数，要对主题、词分布中未知参数进行重复迭代与训练之后，来进行主题生成数目的确定。如此一来，才能在最大程度上降低大数据技术与 LDA 主题融合推荐模型的混淆度，将模型的适应能力提高，促进大数据技术与 LDA 主题模型的是深度融合，确保整个微博信息推荐模型的合理性，充分发挥大数据技术与 LDA 主题模型的融合优势，提高模型的推荐精准度。

(6) 微博原数据的前期清洗应适度控制。

在进行微博数据的文本清洗时，主要关注点是剔除缺失的文本信息、文本中的特殊符号、系统日志中的时间与日期等格式内容错误信息。同时，还要将不断重复的文本信息、不合理的逻辑错误以及垃圾广告信息进行清理。处理完成后，微博文本数据的数据质量将会极大提升，文档间的距离也会逐步缩小，如此一来就可以解决 LDA 主题模型文本处理稀疏性的问题。因此，数据清洗在整个的微博信息推荐过程中是十分重要的一环,数据清洗的程度也将直接影响后面 LDA 的数据处理效果。但在另一方面，微博原文的数据清洗可能会导致部分语义性的缺失，并不能起到积极的作用，关键的字段可能会随着文本数据信息清洗程度的加强而不断缺失，缺失关键信息的微博会响整个模型的正常运行，会对大数据与 LDA 主题模型融合后的计算结果产生极大的影响，致使信息推荐的精准度降低。因此，微博信息推荐模型的微博数据前端清洗要适度，要在一定的规则下进行适度清洗，将参数设置放在首位，提升清洗的合理程度，确保微博的关键信息不会丢失，保证符合要求的高质量信息得以保存，为后续的 LDA 主题模型和大数据的融合提供可靠和优质的数据基础,最终实现微博信息推荐处理效率的提升,保证微博信息推荐精度和用户满意度处在较高的水平，最终实现理想的微博信息个性化推荐。

第 7 章　我国省级政务微博生态性评估研究

政务微博作为政府舆情管控环节的关键角色，其生态性分析研究将成为微博研究的大势所趋。政务微博是民众获取政府信息的主要社交平台，具有管控和调节社会舆情的作用。当前互联网已进入 Web2.0 时代，信息污染、信息生态失衡等问题开始相继暴露，政务微博监管工作面临的挑战日益严峻。在此背景下，优化微博信息生态环境、提升政务微博生态性成为了电子政务领域研究的终极目标。

本章基于信息生态系统理论，将政务微博生态系统内各要素与社会网络分析指标对应，构建出政务微博生态性评价体系，并以吉林省和江苏省为例进行实证对比分析，探究我国省级政务微博生态性研究发展现状，最终提出针对性建议对策。

7.1　政务微博生态性评估研究现状

政务微博作为一个受关注量巨大的互动平台，时刻面临着信息污染和信息生态失衡等信息生态问题，各国学者重点关注于研究政务微博传播力分析及其信息生态性评估两方面，力求从根源出发解决问题。

政务微博传播力分析方面，当前国外文献中还没有专业术语描述政务微博一词，与之概念相对应的是“社交政务”(Social Government)。Anja 等研究发现，政务微博的内容对相关新闻传播力有积极影响，转发推荐对舆情宣传的影响更为巨大[84]。还有学者分别以美国总统大选和国家双边交流为例进行分析，研究发现 Twitter 等社交媒体对大型公共事件传播的影响极为巨大，并且有其独有的传播机制[85, 86]。Jaebong 等对自然灾难发生时期 Twitter 的传播机制进行研究，发掘出了不同灾难阶段下快速推文内容及传播力的变化规律[87]。而国内学者对政务微博的探索较晚，其研究方向更偏重于理论创新。孙晓燕等以四个政务微博进行实证研究后发现，政务微博对公众了解国家政策、评价政府形象和满意度具有积极作用[88]。马捷等探究出导致公共事件爆发的驱动力及驱动模式，认为微博对公共事件形成和推进影响有可研究的空间[89]。黄膺旭等以八位舆情领袖微博作为研究对象，将官员认证信息和政务微博传播形成关联，总结其内外部影响因素[90]。

政务微博生态性评估方面，国外学者较早开始对政务微博的传播效果进行分析评估。Octavio 等通过对墨西哥政界 Twitter 账户全部推文进行可视化处理发现，社交媒体已成为政客选举时获得追随者、拉选票的重要工具[91]。Mariam 等借助话题跟踪与检测方法，挖掘来自不同领域的推文标签关键字，对 Twitter 在新闻传播中的作用以及新闻自身价值进行了深度探究，同时为 Twitter 信息生态链中的各角色进行简要定义[92]。崔金栋等对欠发达地区政务微博发展现状研究发现，我国省级政务微博在公众微博问政方面已发挥出积极作用，但政务微博的信息生态系统建设仍需完善[93]。也有国内学者分别以“雅安地震”与“上海踩踏事件”作为突发事件典型案例，研究政务微博在突发事件发生时的应急反应，分析信息生态链上微博用户角色的持续转换状态[94, 95]。

综上所述，政务微博生态性研究还处于初步探索阶段，生态性评价方面还存在很大的提升空间。生态性评价分析指标少且单一，政务微博生态网络评价研究存在指标较少，无法构建综合分析体系等问题，现有评价体系无法全面分析我国政务微博生态本质。各省份政务微博受限于地域、经济等因素，还没有构建出客观、系统的生态性评价体系。研究缺乏对比分析。现有研究成果大多仅针对时事热点话题进行研究，在分析方法上也很少有文献利用比较分析法对政务微博发展水平进行对比研究。目前，我国政务微博的研究缺乏发达地区和欠发达地区政务微博的对比分析，使得两地区间无法直接探索其区别和联系。

7.2 基于社会网络分析的省级政务微博评价体系建设

政务微博网络具备非常显著的社会网络结构特征，因此本节基于社会网络分析理论，针对我国省级政务微博信息生态性分析进行量化研究，选取多种评价指标对信息生态系统各要素进行综合分析，重点将微博信息生态性评价指标与社会网络分析参数相互对应，构建出政务微博生态性评价体系，体系框架如图 7.1 所示。

7.2.1 政务微博信息生产者评价指标

信息生产者在政务微博信息生态环境中处于信息源点的位置，该角色特点是点赞数、被评数和转发数较高，关注群体广泛。代表信息生产者的用户通常是具备一定影响力的公众性账号，如政务机构、公务人员微博等。运用社会网络分析理论可以看出，生产者与外界其他节点联系比较密切，并且作为生产者的每个节点到其他节点的最短路的平均长度较短，因此节点中心度和接近中心度高，应用在有向图则体现在生产者的出度较大。

7.2.2 信息组织者评价指标

然而仅凭生产者的传播力，政务微博传播并不能实现全方位覆盖，政府发布的信息应更易理解并且容易引起民众共鸣，因此组织者需要对博文内容再加工。信息组织者通过构建标签或者加“#”构成话题，微博信息借助关键词进一步获得传播，并缩短传播广度、拓宽传播深度，使得信息价值在用户消费过程中得到高效利用。信息组织者在社会网络中担任两个节点之间的中介，其节点间的最短距离即中间中心度较高。此外，信息组织者将对接收的信息加工处理后发送给下一节点，因此选用节点出度、入度作为评价组织者收发信息的能力的关键指标。

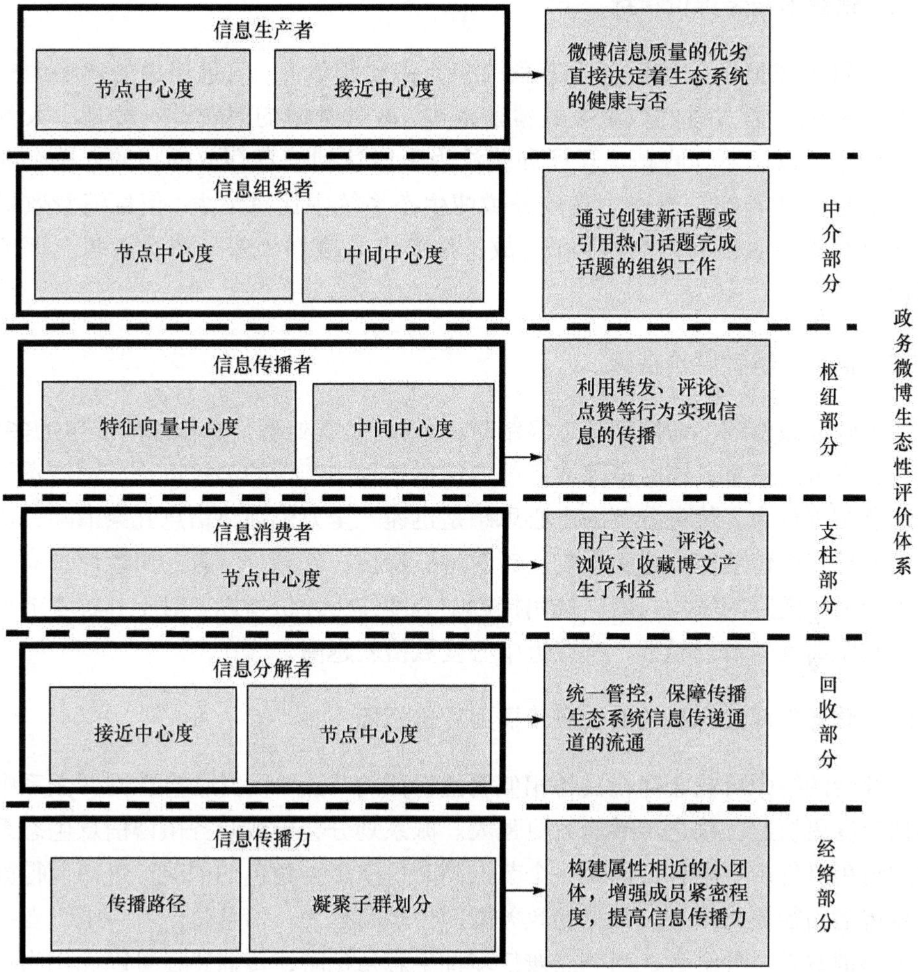

图 7.1　政务微博生态性评价体系

7.2.3　信息传播者评价指标

信息传播者主要执行“转发”“推送”“推荐搜索”等任务，在政务微博传播过程中担当着“桥梁”的作用，信息由传播者传递给更多消费者。但复杂关联关系无法代表社会网络关系中节点自身的影响力和重要性，拥有更多高重要性的关键节点才能使信息传播具有影响性。该理论应用于信息传播者中主要体现在特征向量中心度这一指标，特征向量中心度越高，表明该节点在微博传播中更具爆发力。除此之外，中间中心度也是信息传播者的评价指标之一，中间中心度高说明该节点在信息生态系统中处于枢纽地位。

7.2.4 信息消费者评价指标

消费者在整个微博信息生态系统中所占比例最大，信息传递的影响力一定程度上取决于消费者的数量及其覆盖范围。政务微博的消费者一般是广大基层群众，公众以浏览、收藏、互评和关注为手段达到信息存取的目的，整个操作过程信息消费者的渗透作用在政务微博生态系统中比重最大。信息消费效果主要通过节点接收信息的数量体现，故选取节点入度作为信息消费者职能评价的指标。

7.2.5 信息分解者评价指标

当政务微博的生命周期临近终结时，分解者负责处理信息传播所产生的多余、垃圾、有害的信息，同时消除政务微博传播过程中产生的消极言论、网络谩骂和恶意点赞等行为。信息分解的中心思想是迅速、全方位地将信息冗余消除，避免负面消息二次传播造成恶劣影响。针对这一特征，信息分解者的角色评价应考量节点间最短链路的平均长度，选用接近中心度作为评价指标。对于分解者节点而言，它距离其他节点越近，其接近中心度数值就越高。

7.2.6 政务微博生态系统的信息传播力评价指标

社会网络中可能会存在具备相似属性特征的节点，因此信息在同一派系中的传播速度更快速，信息传播能力更强大。派系划分会导致政务微博信息生态系统中的角色身份产生融合，出现一个节点同时扮演多种角色的情况，进而使得微博信息传播路径更为简短。常见的政务微博传播路径为：信息生产者→组织者→传播者→消费者→分解者，当节点兼任多种生态角色时，传播路径可以优化为：信息生产者→消费者→分解者。在该路径中，由于派系内部节点具备同一性，信息传播忽略了组织者和传播者，信息消费者自身实现了微博信息的传递。本书选用凝聚子群方法对微博信息生态系统中各角色的节点进行派系划分，以省级政务微博聚类结果为依据，分析各子群内部成员之间的关联关系，对政务微博生态系统的信息传播力进行评价。

7.3　我国省级地区政务微博生态性实证分析

7.3.1　我国政务微博代表省份选择

近年来，互联网主管部门及各大网络平台把握当下中国社会转型重心，协力扶持政务微博建设工作，人民网舆情数据中心和正义网等官方机构开始连续发表年度政务微博研究报告，《2019 年上半年政务指数微博影响力报告》更是对我国政务微博进行了等级划分，其政务微博等级分布状况如表 7.1 所示。

江苏省政务微博在微博影响力排行榜上位列前三，因此在对比分析中，选用江苏省作为政务微博发达地区省份的典型代表；青海、西藏民族地域特征太强，其政务微博的生态性分析结果并不具有参考价值，因此选用排名第 26 位的吉林省作为对比省份。

表 7.1　我国政务微博等级分布表(2019 年)

	官方微博数	政府部门微博数	公职岗位微博数	占全国总量/%
省部级	314	241	73	0.27
厅局级	3672	3094	578	3.71
县处级	19437	12246	7191	16

7.3.2　政务微博生态性与中心性关联分析

在各省级政务微博的社会网络中，将各政务微博账号用“圆”来表示，越大的圆点在整个网络中国发挥的作用越重要，并且根据中心度的数值将节点划分为不同类别，设置特定颜色加以区别。从两省政务微博中心性可视化结果可以明显看出，南京发布和吉林发布分别为各自社会网络中最关键的节点。借助 Gephi 分析所得的两省政务微博中心性分析可视化图如图 7.2 和图 7.3 所示。

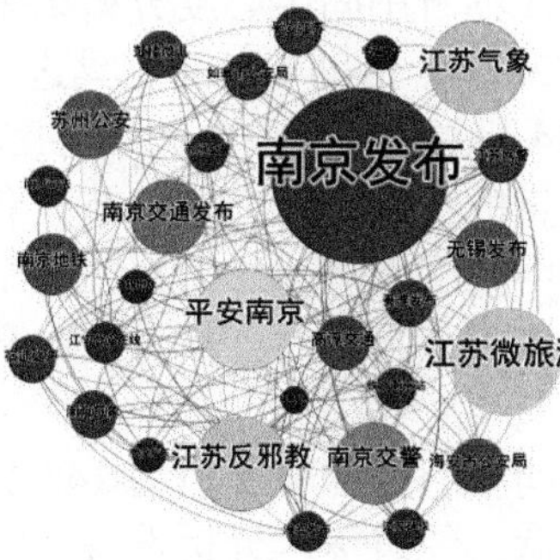

图 7.2　江苏省中心性可视化图

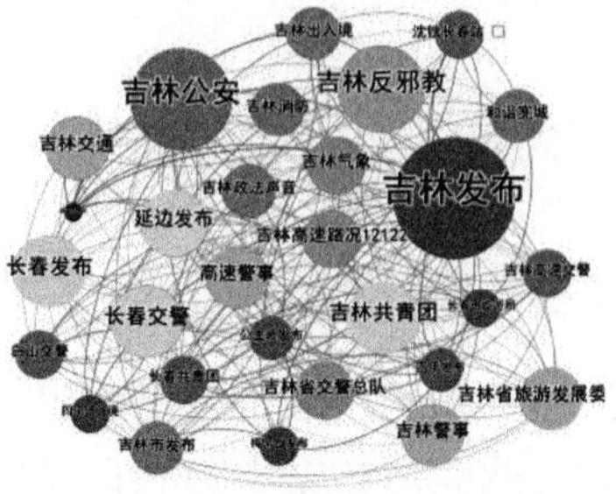

图 7.3　吉林省中心性可视化图

7.3.3　信息生产者、消费者角色评价——基于节点中心度分析

以节点中心度反映网络中节点收发信息的数量，分析结果表明，江苏省和吉林省节点出入度最值分别为 19、25 和 18、23，两省的节点出入度均不高，我国政务微博网络整体没有明显的集中趋势，但吉林省中心度平均值为 8.138，略大于江苏省的平均值 7.793，说明吉林省政务微博间的相互关注度较为集中。综合对比两省节点中心度可以发现，二者微博信息生态系统中的生产者属性表现并不突出，但由于江苏省政务微博粉丝较多，其生产者的影响表现得更为明显，在信息生产方面的生态性较吉林省相比略胜一筹。

选取了两省入度排名前 10 名的节点，对比各节点入度值发现两省差别并不大，“南京发布”和“吉林发布”分别以入度 25 和 21 排名第一，二者作为信息消费者对政务微博信息进行浏览、收藏、互评和关注，从而达到信息存取的目的。我国省级政务微博各节点在作为信息消费者时差距不大，信息流动方向符合微博传递基本路径，政务微博在信息生态系统中传播过程中，用户的博文消费行为使信息产生巨大的外部间接经济效益和商品经济价值。

7.3.4　信息组织者角色评价——基于中间中心度分析

信息组织者在微博信息生态系统中起到“中介”作用，组织者的角色作用可以由中间中心度定量体现。江苏省中间中心度分析结果显示，中间中心度最大值为 205.213，所有值总和为 720.00。借助 Gephi 工具进一步分析，中间中心度前十位的用户数值总数是 583.974，占全部用户中间中心度总数 81.11%左右。信息组织者可以有效引导网络中信息的传播，协助其他节点获取加工后的信息。此外，江苏省政务微博网络整体的中间中心势为 24.71%，整个网络信息传播依赖组织者对信息的加工和再传输，大多节点自身对于信息获取和发布不具备主动性，信息组织者的作用极为显著。

吉林省政务微博网络中间中心度的最大值为 148.213，所有值总和为 658.00，其整体水平较江苏省而言较低。经过深入分析发现，吉林省中间中心度前十名用户数值总数为 467.303，约占全部用户总和的 71.02%。吉林省政务微博传播过程中具备控制能力的关键节点相对更少，并且其社会网络中间中心势仅有 17.20%。综上所述，我国省级政务微博普遍存在的问题是中间中心度较低，具有控制能力的关键节点少，多数节点不能自主、直接地获取信息。这足以说明在微博信息生态系统中，信息组织者作用表现不突出，在微博内容加工甚至微博管理方面都缺乏有效的行动，博文信息传播缺乏连贯性。

7.3.5　信息传播者角色评价——基于特征向量中心度分析

信息传播者节点在系统中的地位会直接影响信息的传递效果，特征向量中心度作为反映节点重要性程度的尺度，可以用来衡量信息传播者的角色特征。对比江苏、吉林两省特征向量中心度发现，两省的最值、平均值和总和等数值几近相同，特征向量中心势均在 30%左右，表明节点之间相互贡献度较小，网络中缺乏联系紧密的关系，信息在节点间的传递过程没有方向性，整个生态系统中缺少具备传播者属性的角色，多数节点都是作为生产者或者组织者的同时，扮演信息传播者完成政务微博的传递，将消息传递给用户进行消费。

借助 Gephi 为工具对两省特征向量中心度进行分析并排序，选取前十名的政务微博为例进行对比。由于迭代次数不同会导致 Gephi 输出的分析结果不同，选择迭代 100 次对各政务微博特征向量中心度进行分析。通过分析结果可以看出，“南京发布”与“吉林发布”数值最高为 1，江苏省排名第二的“平安南京”为 0.685476，与第一名相差较大，其他节点数值依次减小，第十名“苏州公安”已减至 0.37902；而“吉林公安”作为吉林省第二名数值为 0.855047，前十名节点也维持在 0.5 以上。特征向量中心度排行反映了两省的共同特点，特征向量中心势较低，信息在节点间传播都具有一定难度。而两省的差异性在于，江苏省政务微博信息生态网络中具备信息传播者特征的关键节点，其特征向量中心度数值明显高于其他节点，个别节点在信息传播过程中具有领导级别的身份；而吉林省总体特征向量中心度偏低，但是各节点数值相差不大，信息传递过程中并没有明确的节点作为信息传播者引导信息，这表明以吉林省政务微博生态系统内舆情传播领袖的数量较少，甚至在这一身份的界定也较为模糊。

7.3.6　信息分解者角色评价——基于接近中心度数据分析

分解的核心思想是分解者能及时、迅速地消除信息垃圾所带来的负面影响，因此评价信息分解效果的基本原则是保证分解者节点与其他节点间距离达到最短。接近中心度可以直观反映节点到其他节点的最短路径的平均长度，基于这一特性，选用接近中心度对信息分解者的角色职能进行分析评估。江苏省节点收发信息路径数的最值为 66 和 72，经计算节点间信息传播距离平均为 3～4 个单位；吉林省节点收发信息路径数的最值为 61 和 72，但由于吉林省社会网络中信息传播者节点较少，信息在网络中传播需要经由更多的节点，其信息传播距离为 3～6 个单位。由此也可以看出吉林省的信息分解者处理冗余信息的能力存在差距，个别节点分解信息垃圾甚至需要经由 6 个节点，已达到小世界理论的距离极限，严重降低信息分解的效率，并且极易产生负面消息二次传播的恶劣影响。

分析接近中心度排名前十名的政务微博节点，“江苏反邪教”和“吉林发布”位居各自网络中第一名，二者接近中心度数值相差不大。观察两省接近中心度排名可以发现，我国省级政务微博生态系统中信息分解者这一角色的特征尤为明显，公安系统微博账户在接近中心度排行榜中占比最大，其接近中心度数值均大于 0.6。发布型和公安官方政务微博具有权威性高、公开程度大和受众范围强等特征，政务微博信息生态系统需要此类节点对信息传播过程中产生的负面影响加以控制和调节，及时承担信息分解者的职责。我国省级政务微博对于微博信息传播影响的管控还是较为严格，信息分解者的设定比较完善，但分解者节点对信息分类和处理的能力仍有很大的提升空间。

7.4　我国政务微博生态系统信息传播力研究

借助 CONCOR 算法对两省政务微博网络结构进行分解，图 7.4 和图 7.5 分别为两省迭代后网络子群分布。社会网络中各子群内部关联的紧密程度，将直接影响我国政务微博生态系统的信息传播力强弱，子群关系越紧密，博文在其节点间传播的速度和效率就越强。江苏省政务微博整体联系较为紧密，网络中涉及 4 个以上成员的子群有 4 个，最大的子群包含成员多达 6 个。吉林省政务微博子群划分与江苏省一样为 8 个，但实际上网络内包含 1～3 个成员的小群体仅有 5 个，社会网络结构较为分散。

此外，分析政务微博小团体成员组成发现，节点在信息传播过程中扮演的角色呈现多样化和综合化，博文传播路径可以简化，信息传播效果获得提升。例如，“南京发布”作为信息生产者发布一条公告，与其在同一子群的“鼓楼微讯”和“高淳发布”等县处级政务微博可以直接接收信息，并再传播至公众和社会媒体，整条路径为：信息生产者→传播者→分解者。微博传播路径的简化体现出江苏省政务微博管控注重各层部门间沟通交流，有意借助多元合作实现信息资源共享。反观吉林省政务微博网络中各子群所涉及系统部门种类较为单一，网络中信息传播路径一般为：信息生产者→传播者→消费者→分解者，缺乏组织者对信息的有效再加工，并且该传播路径过于冗长、繁杂。吉林省政务微博网络内节点类型通常都是公安系统和旅游指南机构，反映出吉林省政务微博重点发展的方向是社会治理和旅游领域，也说明子群间关联关系不够紧密，政务微博建设工作有行动、无合作，政府各部门发布的微博信息传播力分布极为不均。

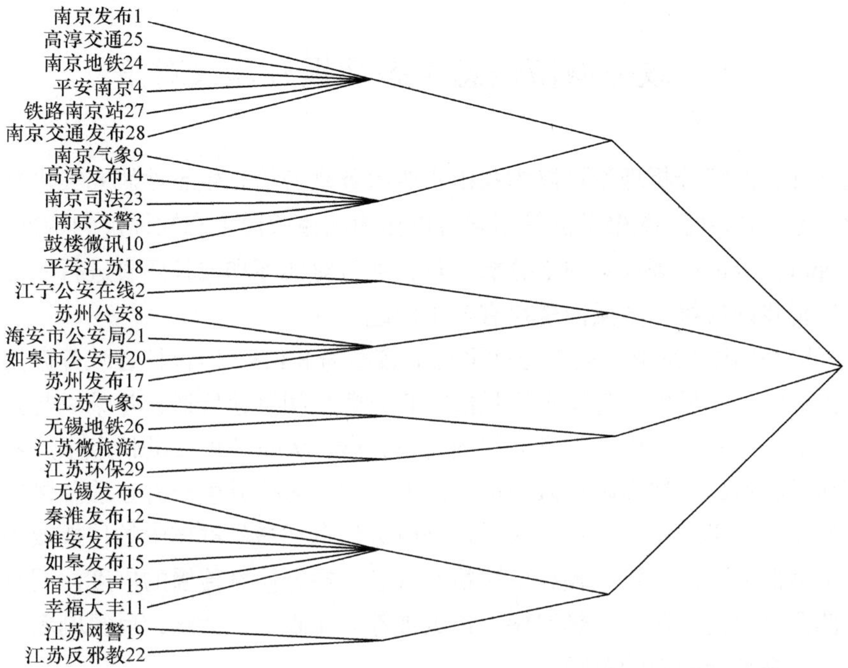

图 7.4　江苏省政务微博聚类图

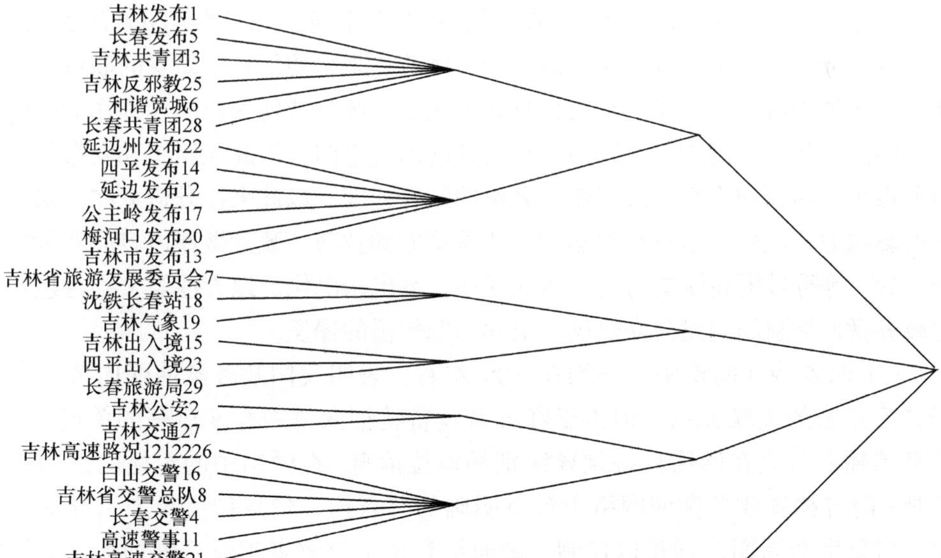

图 7.5　吉林省政务微博聚类结果

7.5 政务微博信息生态性提升建议对策

基于社会网络分析理论可以为我国省级政务微博信息生态性研究提供新的研究视角，网络中心性、凝聚子群等因素可以作为政务微博生态性评价的特征属性。借助 Gephi、Ucinet 等社会网络分析工具，通过对江苏和吉林两省进行实证对比分析，发现我国省级政务微博现存有若干问题。

(1) 吉林省政务微博节点中心性平均值较高为 8.138，但吉林省政务微博粉丝总数仅为 200 万，导致信息发布后只能在官方账户间迅速传播，却难以与公众及时、广泛地进行互动。以吉林省为代表的政务微博欠发达地区的信息生产者应重点扩充粉丝容量，以提高政务微博传播影响范围。为提升生产者在政务微博生态系统中的作用，必须从公共宣传入手提升政务信息在粉丝群体中的传播效果，主动吸引更多群体关注，扩充政务微博粉丝数量，提升信息传播的广度，同时加强政务微博账号营销手段，在热搜榜、首页推荐等显眼专栏活跃，反复刷新账号的出镜率，提高自身的影响范围。

(2) 通过 Gephi 分析结果可以看出，吉林省政务微博网络中关键节点的中间中心度数值仅占整体网络的 17.20%，并且各节点中间中心度数值相差甚远，说明吉林省政务微博生态系统中缺乏足够的关键节点来行使信息组织者的职责，大多账户发布的内容只是转发甚至与自身并无关联。政务微博账户的名称作为政府相关部门的名片，决定着一个账户发布信息的内容走向，因此在组织和发布信息时应重点考虑话题和内容与微博账户名称的贴合程度，以此来提升信息在公众间传播的影响力；此外，信息组织必须要注重策略和技巧，政务微博内容应巧妙应用“#、@”等符号提高博文与用户间的互动，突出亲民化、地方性等文字特色，使得政务微博能瞬间引发公众热议，引起话题传播的爆发。

(3) 两省特征向量中心势均在 30%左右，表明我国政务微博网内节点之间仍缺乏紧密的关联关系。但由于江苏省具备特征向量中心度显著的关键节点，信息传播者节点在网络具备领导级别的地位信息，在网络中的传播的走向较为清晰；而吉林省政务微博网络中没有明确的节点担当信息传播者来引导信息流向，信息生命周期末期难以控制，进而导致信息分解者工作难度加大。为解决这一问题，政府相关部门应结合定量数据分析结果，借助特征向量中心度评估信息传播效果，选取中心度排名靠前的用户作为整体网络的关键节点，重点发挥关键节点在政务微博传播过程中的领导作用，使信息在节点间传播更加分散和深入；同时要定期清理网络中的僵尸账号，对于长期不更新、恶意互粉的账号要及时清除，以此有效缩减节点间传播距离，提升政务微博信息生态系统的传播活力。

(4) 在两省接近中心度排名前十名的节点中，公安系统和发布类政务微博对政务微博信息的管控较为重视，总量占比约 79.6%，但担当信息分解者的节点接近中心度数值整体偏低，排名第一的“江苏反邪教”也仅为 0.756757，说明信息分解者在整个信息生态系统中发挥的作用不够显著。此外，欠发达地区网络中节点间发布和获取信息节点间传播距离平均为 3～5 个单位，分解者能力参差不齐，这也是导致信息分解不能及时、迅速完成的原因之一。因此，政务微博运营部门应增强突发事件舆情处理能力，设立专门账号对公众言论加以监管。负责政务微博运营的部门应加强舆论危机意识，从政务微博发布的起点将垃圾内容遏制。

参 考 文 献

[1] 崔金栋, 于圆美, 王新媛, 等. 信息管理技术视角下微博研究综述与趋势分析[J]. 图书馆论坛, 2015, (4): 92-99.

[2] Xu G, Meng X F, Wang H F. Build Chinese emotion lexicons using a graph-based algorithm and multiple resources[C]//Proceedings of the 23rd International Conference on Computational Linguistics, Geneva, 2010: 1209-1217.

[3] Velikovich L, Blair-Goldensohn S, Hannan K, et al. The viability of web-derived polarity lexicons[C]//Proceedings of the North American Chapter of the Association for Computational Linguistics, Minneapolis, 2010: 777-785.

[4] Lahiri M, Cebrin M. The genetic algorithm as a general diffusion model for social network[C]//Proceedings of the 24th AAAI Conference on Artificial Intelligence, 2010: 494-499.

[5] 原琳. 微博信息碎片化对受众信息认知的影响[J]. 新闻传播, 2014, (5): 272-273.

[6] 马捷, 孙梦瑶, 尹爽, 等. 微博信息生态链构成要素与形成机理[J]. 图书情报工作, 2012, 56(18): 73-77.

[7] 张海涛, 宋拓, 张连峰, 等. 基于信息内容与信息属性的微博热点信息生态化的实现研究[J]. 图书情报工作, 2014, 58(15): 123-127.

[8] 王静. Web2.0 环境下高校图书馆微博客信息服务推广的风险管理机制研究——以新浪微博被黑事件为视角[J]. 图书馆, 2014, (4): 91-93.

[9] 胡昌平, 胡媛, 严炜炜. 高校数字图书馆服务的用户满意度实证研究[J]. 国家图书馆学刊, 2013, 22(6): 23-32.

[10] 钟映筝. 基于混沌情景预测方法的微博信息扩散建模与仿真研究[J]. 价值工程, 2014, (7): 225-228.

[11] Ball F, Sirl D, Trapman P. Analysis of a stochastic SIR epidemic on a random network incorporating household structure[J]. Mathematical Biosciences, 2010, 224(2): 53-73.

[12] Efron M. Information search and retrieval in microblogs[J]. Journal of the American Society for Information Science and Technology, 2011, 62(6): 996-1008.

[13] Enatsu Y, Nakata Y, Muroya Y. Lyapunov functional techniques for the global stability analysis of a delayed SIRS epidemic model[J]. Nonlinear Analysis: Real World Applications, 2012, 13(5): 2120-2133.

[14] Fang X, Jia Y, Han Y, et al. A survey of social network and information dissemination analysis[J]. Chinese Science Bulletin, 2014, 59(32): 4163-4172.

[15] 邬焜. 信息系统的一般模型[J]. 系统辩证学学报, 1998, 6(2): 52-57.

[16] 肖云鹏, 李松阳, 刘宴兵. 一种基于社交影响力和平均场理论的信息传播动力学模型[J].

物理学报, 2017, 66(3): 233-245.
[17] 佘廉, 沈照磊. 非常规突发事件下基于 SIR 模型的群体行为分析[J]. 情报杂志, 2011, (5): 14-17.
[18] 张敏, 霍朝光, 吴郁松. 时间敏感型舆情网络的 ICSR 传播模型构建与仿真[J]. 图书馆学研究, 2015, (21): 40-48.
[19] 王宗水, 赵红, 赖正文, 等. 基于改进 SIR epiDEM 模型的社会网络营销有效性及仿真[J]. 系统工程理论与实践, 2016, 36(8): 2024-2034.
[20] 田晓睿, 王丹琛, 董安邦. 心理应激影响下公共危机信息传播机制研究[J]. 图书情报工作, 2014, 58(2): 59-65.
[21] 林晓静, 庄亚明, 孙莉玲. 具有饱和接触率的 SEIR 网络舆情传播模型研究[J]. 情报杂志, 2015, 34(3): 150-155.
[22] 丁学君. 基于 SCIR 的微博舆情话题传播模型研究[J]. 计算机工程与应用, 2015, (8): 20-26.
[23] Li C, Cai C C, Yang S Y. Analysis of epidemic spreading of an SIRS model in complex heterogeneous networks[J]. Communications in Nonlinear Science and Numerical Simulation, 2014, 19(4): 1042-1054.
[24] Witbooi P J. Stability of an SEIR epidemic model with independent stochastic perturbations[J]. Physica A: Statistical Mechanics and Its Applications, 2013, 392(20): 4928-4936.
[25] Denphedtnong A, Chinviriyasit S, Chinviriyasit W. On the dynamics of SEIRS epidemic model with transport-related infection[J]. Mathematical Biosciences, 2013, 245(2): 188-205.
[26] Zhao L, Wang J, Chen Y, et al. SIHR rumor spreading model in social network[J]. Physica A: Statistical Mechanics and Its Applications, 2012, (7): 2444-2453.
[27] Chen G H, Shen H Z, Chen G M, et al. A new kinetic model to discuss the control of panic spreading in emergency[J]. Physica A: Statistical Mechanics and Its Applications, 2014, (C): 345-357.
[28] 向卓元, 陈宇玲. 微博谣言传播模型与影响力评估研究[J]. 科研管理, 2016, (1): 39-47.
[29] 徐晨凯, 高茂庭. 使用 LSA 降维的改进 ART2 神经网络文本聚类[J]. 计算机工程与应用, 2014, 24: 133-138.
[30] Xu R, Wunsch D. Survey of clustering algorithms[J]. IEEE Transactions on Neural Networks, 2005, 16(3): 645-678.
[31] Ma W, Deng Y. New feature weight calculation method for short text[J]. Joural of Computer Applications, 2013, 33(8): 2280-2282.
[32] Steyvers M, Griffiths T. Probabilistic topic models[J]. Handbook of Latent Semantic Analysis, 2007, 427(7): 424-440.
[33] Deerwester S, Dumais S, Landauer T, et al. Latent semantic analysis for multiple-type interrelated data objects[C]//Proceedings of the 29th Annual International ACM SIGIR Conference on Research and Development in Information Retrieval, New York, 2006: 236-243.
[34] Griffiths T, Steyvers M. Probabilistic Topic Models[M]//Latent Semantic Analysis: A Road to

Meaning. Hillsdale: Laurence Erlbaum, 2006.

[35] Kim Y M. An extension of PLSA for document clustering[C]//Proceedings of the 17th ACM Conference on Information and Knowledge Management, New York, 2008: 1345-1346.

[36] 唐晓波, 房小可. 基于文本聚类与 LDA 相融合的微博主题检索模型研究[J]. 情报理论与实践, 2013, 8: 85-90.

[37] 邸亮, 杜永萍. LDA 模型在微博用户推荐中的应用[J]. 计算机工程, 2014, 5: 1-6.

[38] 高明, 金澈清, 钱卫宁, 等.面向微博系统的实时个性化推荐[J]. 计算机学报, 2014, 4: 963-975.

[39] 余勇, 郭躬德. 基于 RBLDA 模型和交互关系的微博标签推荐算法[J]. 计算机系统应用, 2015, 8: 141-148.

[40] 徐彬, 杨丹, 张昱, 等. 面向微博用户标签推荐的关系约束主题模型[J]. 计算机科学与探索, 2014, 3: 288-295.

[41] 张晨逸, 孙建伶, 丁轶群. 基于MB-LDA模型的微博主题挖掘[J]. 计算机研究与发展, 2011, 10: 1795-1802.

[42] Hong L, Davison B. Empirical study of topic modeling in Twitter [C]// Proceedings of the 1st Workshop on Social Media Analytics, New York, 2010: 80-88.

[43] 马彦. 大数据环境下微博舆情热点话题挖掘方法研究[J]. 现代情报, 2014, 11: 29-33.

[44] 兰月新, 董希琳, 苏国强, 等. 大数据背景下微博舆情信息交互模型研究[J]. 现代图书情报技术, 2015, 5: 24-33.

[45] Zhang L J, Li H J, Zhao C H, et al. Social network information propagation model based on individual behavior[J]. China Communications, 2017, 14(7): 78-92.

[46] Xiong F, Liu Y, Zhang Z J, et al. An information diffusion model based on retweeting mechanism for online social media[J]. Physics Letters A, 2012, 376(30-31): 2103-2108.

[47] 米文丽, 孙曰昕. 利用概率主题模型的微博热点话题发现方法[J]. 计算机系统应用, 2014, 8: 163-167.

[48] Blei D. Probabilistic topic models[J]. Communications of the ACM, 2012, 55(4): 77-84.

[49] Tang X N, Yang C C. TUT: a statistical model for detecting trends, topics and user interests in social media[C]//Proceedings of the 21st ACM International Conference on Information and Knowledge Management, New York, 2012: 972-981.

[50] Kang J H, Lerman K, Plangprasopchok A. Analyzing microblogs with affinity propagation [C]// Proceedings of the 1st KDD Workshop on Social Media Analytic, New York, 2010: 67-70.

[51] 陶永才, 何宗真, 石磊, 等. 基于加权动态兴趣度的微博个性化推荐[J]. 计算机应用, 2014, 12: 3491-3496.

[52] 张磊, 吾守尔·斯拉木, 买买提依明 · 哈斯木, 等. 大数据下微博推荐算法[J]. 激光杂志, 2016, 6: 1-6.

[53] 唐晓波, 祝黎, 谢力. 基于主题的微博二级好友推荐模型研究[J]. 图书情报工作, 2014, 9: 105-113.

[54] Triadic closure[EB/OL]. [2013-10-17]. http: //en. wiki. org//wiki//Triadic_closure.
[55] 唐晓波, 房小可. 基于隐含狄利克雷分配的微博推荐模型研究[J]. 情报科学, 2015, 2: 3-8.
[56] Zhao W X, Jiang J, Weng J S. Comparing Twitter and traditional media using topic models[C]//Proceedings of the 33rd European Conference on Information Retrieval, Berlin, 2011: 338-349.
[57] Ramage D, Dumais S, Liebling D. Characterizing microblogs with topic models[C]//Proceedings of the 4th International AAAI Conference on Weblogs and Social Media, Washington, 2010: 10-17.
[58] 崔金栋, 徐宝祥, 王新媛. 基于微本体构建的微博信息管理机理研究[J]. 情报资料工作, 2013, 5: 50-54.
[59] 崔金栋, 孙遥遥, 王欣, 等. 基于 Folksonmy 和本体融合的微博信息推荐方法研究[J]. 情报科学, 2015, 10: 27-31.
[60] Kureichik V, Safronenkova I. Integrated Algorithm of the Domain Ontology Development[M]// Artificial Intelligence Trends in Intelligent Systems. Berlin: Springer, 2017: 146-155.
[61] Abbes H, Gargourif F. Big data integration: a mongodb database and modular ontologies based approach[J]. Procedia Computer Science, 2016, 96: 446-455.
[62] 付苓. 基于大数据的领域本体动态构建方法研究——以养生领域本体构建为例[J]. 情报理论与实践, 2018, 41(1): 135-138.
[63] 孙瑞英, 王旭. 突发事件网络舆情传播的实证研究[J]. 现代情报, 2016, 36(12): 65-72.
[64] 周利琴, 范昊, 潘建鹏. 网络大数据中的知识融合框架研究[J]. 情报杂志, 2018, 37(1): 145-150.
[65] Peng K , Leung V C M , Huang Q . Clustering approach based on mini batch Kmeans for intrusion detection system over big data[J]. IEEE Access, 2018, 2(6): 11897-11906.
[66] 张寿华, 刘振鹏. 网络舆情热点话题聚类方法研究[J]. 小型微型计算机系统, 2013, 34(3): 471-474.
[67] 周鹏, 蔡淑琴, 石双元, 等. 基于关键词抽取的微博舆情事件内容聚合[J]. 情报杂志, 2014, 33(1): 91-96.
[68] Louiqa R, Hassan S, Vagelis H. Learning to rank in entity relationship graphs[J]. Journal on Computing, 2019, 31(4): 1322-1346.
[69] 唐涛. 基于搜索引擎日志分析的网络舆情监测方法研究[J]. 情报杂志, 2012, 31(8): 27-30.
[70] Wang C, Wang Y, Chen Y Y, et al. User authentication on mobile devices: approaches, threats and trends[J]. Computer Networks, 2020, 15(6): 170-185.
[71] 丁晟春, 王鹏鹏, 龚思兰. 基于社区发现和关键词共现的网络舆情潜在主题发现研究——以新浪微博魏则西事件为例[J]. 情报科学, 2018, 36(7): 78-84.
[72] 马雯雯, 魏文晗, 邓一贵. 基于隐含语义分析的微博话题发现方法[J]. 计算机工程与应用, 2014, 50(1): 96-100.
[73] 廖海涵, 王曰芬, 关鹏. 微博舆情传播周期中不同传播者的主题挖掘与观点识别[J]. 图书

情报工作, 2018, 62(19): 77-85.

[74] 刘继, 李磊. 大数据背景下网络舆情智能预警机制分析[J]. 情报杂志, 2019, 38(12): 92-97.

[75] 马哲坤, 涂艳. 基于知识图谱的网络舆情突发话题内容监测研究[J]. 情报科学, 2019, 37(2): 33-39.

[76] 张瑜, 谷永鑫. 近年来国内网络意识形态热点问题研究述评[J]. 天津行政学院学报, 2018, 20(1): 87-95.

[77] 安璐, 胡俊阳, 李纲. 基于主题一致性和情感支持的评论意见领袖识别方法研究[J]. 管理科学, 2019, 32(1): 3-13.

[78] García G, Diego J, Salvador G, et al. Enabling smart data: noise filtering in big data classification[J]. Information Sciences, 2017, 479(4):135-152.

[79] Gao S, Pang H, Gallinari P, et al. A novel embedding method for information diffusion prediction in social network big data[J]. IEEE Transactions on Industrial Informatics, 2017, 13(4): 2097-2105.

[80] 陈彦舟, 曹金璇. 基于 Hadoop 的微博舆情监控系统[J]. 计算机系统应用, 2013, 22(4): 18-22.

[81] 黄宇鹏, 袁畅, 郝志峰, 等. 一种分布式的舆情分析系统架构[J]. 电信科学, 2013, 29(7): 66-71.

[82] 孙金娟, 郑建明. 公共文化服务大数据分类体系框架构建[J]. 图书馆论坛, 2019, 18(5): 1-9.

[83] 刘继, 李磊. 大数据时代网络舆情信息集成机制研究[J]. 电子政务, 2015, (2): 39-45.

[84] Anja R, Jürgen B. Making retweeting social: the influence of content and context information on sharing news in Twitter[J]. Computers in Human Behavior, 2015, 46: 75-84.

[85] Sounman H, Daniel N. Which candidates do the public discuss online in an election campaign?: the use of social media by 2012 presidential candidates and its impact on candidate salience[J]. Government Information Quarterly, 2012, 29(4): 455-461.

[86] Akemi T, Christopher G. Government surveillance disclosures, bilateral trust and Indonesia-Australia cross-border security cooperation: social network analysis of Twitter data[J]. Government Information Quarterly, 2015, 32(2) : 118-128.

[87] Jaebong S, Hyung K, Sung J. Content features of tweets for effective communication during disasters: a media synchronicity theory perspective[J]. International Journal of Information Management, 2019, 45: 56-68.

[88] 孙晓燕, 王芳, 李兆静. 政务微博对公众感知政府形象影响的实证研究[J]. 情报杂志, 2015, 34(11): 131-134.

[89] 马捷, 魏傲希, 靖继鹏. 微博信息生态系统公共事件驱动模式研究[J]. 图书情报知识, 2014, (4): 106-115.

[90] 黄膺旭, 曾润喜. 官员政务微博传播效果影响因素研究——基于意见领袖的个案分析[J]. 情报杂志, 2014, 33(9): 135-140.

[91] Octavio L, Armando L, Miguel A, et al. Fusing pattern discovery and visual analytics approaches

in tweet propagation[J]. Information Fusion, 2019, 46: 91-101.

[92] Mariam A, Mohamed M, Carlos M. A rule dynamics approach to event detection in Twitter with its application to sports and politics[J]. Expert Systems with Applications, 2016, 55: 351-360.

[93] 崔金栋, 孙遥遥, 于圆美. 基于社会网络实证分析的政务微博发展策略研究——以吉林省为例[J]. 情报杂志, 2015, 34(11): 123-130.

[94] 王晰巍, 文晴, 赵丹, 等. 新媒体环境下自然灾害舆情传播路径及网络结构研究——以新浪微博“雅安地震”话题为例[J]. 情报杂志, 2018, 37(2): 110-116.

[95] 张宇, 王建成. 突发事件中政府信息发布机制存在的问题及对策研究——基于 2015 年“上海外滩踩踏事件”的案例研究[J]. 情报杂志, 2015, 34(5): 111-117.